上 海 市 会 计 学 精 品 课 程
全国普通高等教育金牌会计丛书

会计学模拟实验教程

（第二版）

邬展霞　编著

上海财经大学出版社

图书在版编目(CIP)数据

会计学模拟实验教程/邬展霞编著．—2版．—上海：上海财经大学出版社，2015.8

上海市会计学精品课程系列教材

全国普通高等教育金牌会计丛书

ISBN 978-7-5642-2188-1/F·2188

Ⅰ.①会… Ⅱ.①邬 Ⅲ.①会计学-高等学校-教材 Ⅳ.①F230

中国版本图书馆CIP数据核字(2015)第154249号

□ 责任编辑 王 芳

□ 封面设计 张克瑶

KUAIJIXUE MONI SHIYAN JIAOCHENG

会 计 学 模 拟 实 验 教 程

(第二版)

邬展霞 编著

上海财经大学出版社出版发行

(上海市武东路321号乙 邮编200434)

网 址：http://www.sufep.com

电子邮箱：webmaster @ sufep.com

全国新华书店经销

启东市人民印刷有限公司印刷装订

2015年8月第1版 2015年8月第1次印刷

787mm×1092mm 1/16 19印张 294千字

印数：4 001—8 000 定价：42.00元

总　序

2009年以来,"全国普通高等教育金牌会计丛书"陆续出版,在上海对外经贸大学的大力支持和会计学院的总体部署与组织下,集全体编纂人员的共同努力,截至目前,已经有《基础会计学》、《会计学》、《中级财务会计》、《高级财务会计》、《审计学》等教材以及相应的学习指导书及案例分析书等得以与读者见面。在编写和出版本系列教材第一版时,我们关注了以下三个方面的问题:一是要汲取会计改革的新成果,反映会计准则的新变化和新内容;二是凸现会计教育改革的新成果,集成编著者的丰富教学经验;三是适应经济全球化的最新进展,借鉴西方会计教材的精华。几年来,该系列教材满足了校内实施课程计划、深化教学改革及实现本科人才培养目标的要求,同时也较好地满足了社会上对会计学专业系列教材的需要。

2010年7月,中共中央、国务院印发《国家中长期教育改革和发展规划纲要(2010－2020年)》,提出为建设创新型国家,必须优先发展教育、实施人才强国战略。2010年9月,财政部印发《会计行业中长期人才发展规划(2010—2020年)》,明确指出会计人才队伍建设和高层次会计人才培养关系到全国实施人才战略和建设创新型国家的大局,将加快会计人才培养提到重要日程。规划要求"会计人才资源总量稳步增长,队伍规模不断壮大",并明确了"会计人才资源总量增长40%"的量化目标,力争高层次会计人才总量在新兴市场经济国家中处于领先地位。规划提出,到2020年,全国受过高等教育(大专及以上)的会计从业人员占全国会计从业人员总量的比例由2010年年末的60.55%提高到80%,实现加快高级会计人才培养,形成以相当数量高级人才为引领、大量中级人才为主体,辅以相应数量初级人才为基础的人才发展的合理结构。

面对会计人才培养的重任及不断变化的会计环境,需要我们不断思考高等会计教育的目标定位,并通过会计课程体系的设计及教学环节的实施,来实现高等会计教育目标,为国家经济社会发展培养所需的高质量会计人才。这就要求我们不断加强教材建设,不断修订和完善高等会计教育系列教材。

相对于第一版的系列教材来说,本次修订出版的系列教材具有以下特点:

第一,以培养学生提出问题、分析问题和解决问题能力为教材修订的认识基点,体现不断提高学生对会计新知识和实务技能的要求;

第二,对教材内容的阐释和概念界定,都与现行的会计人才培养目标要求、会计准则、税收规范等基本相一致;

第三,关注教材之间的关联性及同一教材内容的前后联系,更好地把握教材的系统性和整体性。

本系列教材不仅是高等院校教学用书,也适用于会计人才在职培训以及会计人员自修用书。

丛书编委会

2015年7月

前　言

会计学模拟实验是为提高学生的实践能力而设置的，是会计学课程学习的重要环节之一。

本实验教程设计了12月份的业务资料，并通过10项实验内容，要求学生熟练掌握包括借贷记账法、填制与审核原始凭证、填制与审核记账凭证、设置账簿、登记账簿、更正错账、账项调整、对账、结账、编制报表、会计职业道德的专业知识，全面提高学生的专业素养。

本实验教程的业务设计完全遵照了《企业会计准则(2006)》、《企业内部控制基本规范》、《会计工作基本规范》、《税法》等的最新规定，尤其是“营改增”以来的税制变革，同时符合会计学教学内容的要求。

本实验的特色在于：

1. 划分了实验模块，明确了每一模块的教学内容，便于教师灵活组织教学。

2. 提供了详细的实验指导，便于教师统一教学要求，也便于学生快速掌握实验要领。

3. 设计了会计职业道德案例分析模块，帮助学生从会计入门课程开始树立牢固的职业道德观念。

4. 适应会计教育高度国际化的需要。本实验内容以外商投资的生产型股份有限公司为背景，同时提供了中文版和英文版的实验资料(账表及自制凭证部分)，便于教师结合本校实际需要进行取舍，以使实验环节更好地贴近国际化人才培养的需求。

本书在编写过程中，得到了编委会成员的大力支持，在此一并致谢！

实验教学涉及多项教学内容，内容综合并相互关联，书中难免有不妥之处，欢迎师生来信切磋交流！

编者处备有本书教学答案，需要的教师请提供教学证明并来信索取。本答案恕不提供给学生。编者的联系方式是：wellany@163.com。

邬展霞

2015年7月

目　录

第一章 课程说明

一、实验目的

会计学模拟实验是为提高会计专业学生的专业素质和核算技能而设置的实践环节。

开展会计模拟实验的目的是：

(1)实现课堂理论教学与实践教学的有效结合。在会计实验的仿真模拟环境中，学生将根据实验内容的要求，自己动手，亲历从填制原始凭证、编制记账凭证、登记账簿到编制会计报表的全过程。这直接提高了学生的实际业务能力，加深了学生对会计基础理论的理解，为后续课程的学习奠定了良好的基础。

(2)加强职业道德教育。在实验中针对财会工作者常见的工作情形，提供了五个案例供同学们讨论学习，探讨财会工作者所应当掌握的职业素养，从而在实验中培养同学们的道德情操，加强职业素质。

二、教学组织

会计实验的教学组织，可采用混岗教学和分岗教学两种模式。

1. 混岗教学

混岗教学模式要求每一位学生单独完成全部会计模拟实验内容。这种运作方式的优点是：可以让学生在整个实验过程中，对各项专业技能得到系统、全面的掌握；同时便于组织学生集中实习。其缺点是：不能使学生感受到实际工作中会计机构各岗位的业务分工和内部牵制制度以及会计凭证在各岗位之间的传递过程。

2. 分岗教学

分岗教学，首先要对学生分组，然后在组内按照会计机构的不同岗位分工进行分岗操作，同时安排岗位轮换。其优点是：学生能在实习过程中，切身体会各会计岗位的基本职责，掌握各类经济业务的账务处理过程，熟悉单据及凭证的传递程序和方式。但是，这种方式在实验过程中组织难度较大。

三、实验要求

本模拟实验教程中的经济业务均以上海鹏飞塑料制品股份有限公司 12 月份的资料为内容，共安排了 46 笔会计核算经济业务；实验中提供了大量丰富的原始材料，创设了完全仿真的模拟环境；同时提供了相应的实验要点，便于教师在实验中指导学生。

本实验的总体要求是，在混岗或分岗模式下，针对实验中提供的年度和月份数据，填制原始凭证，编制记账凭证，建立明细分类账、日记账，作出科目汇总表，并据以登记总分类账，编制资产负债表、所有者权益变动表、利润表、现金流量表。

第二章 会计核算方法

本实验中采用的是科目汇总表核算形式。

科目汇总表核算形式又称记账凭证汇总表核算形式，其主要特点是定期将各种记账凭证上的金额按照会计科目进行汇总，然后根据科目汇总表登记总分类账的一种会计核算形式。在科目汇总表核算形式下，记账凭证可以采用收款凭证、付款凭证和转账凭证。

采用科目汇总表核算形式的工作步骤如图 1.1 所示。

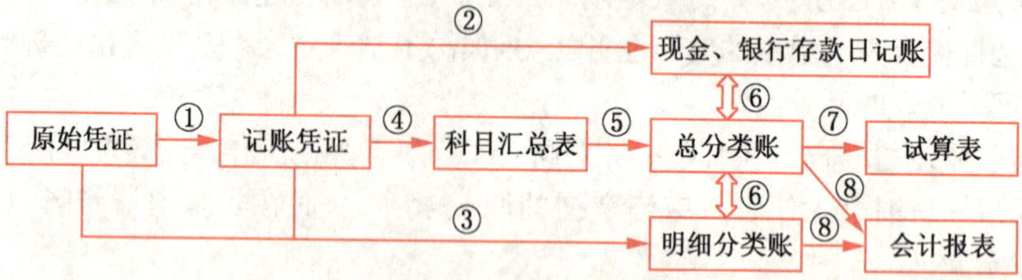

图 1.1　采用科目汇总表核算形式的工作步骤

图中标号说明如下：

①根据原始凭证或原始凭证汇总表编制收款凭证、付款凭证和转账凭证。

②根据收款凭证、付款凭证登记现金日记账和银行存款日记账。

③根据原始凭证、汇总原始凭证和记账凭证，登记各种明细分类账。

④根据收款凭证、付款凭证、转账凭证通过“T”字账户定期编制科目汇总表。

⑤根据科目汇总表登记总分类账。

⑥现金日记账、银行存款日记账和明细账分别与总分类账定期核对。

⑦⑧根据总分类账和有关明细账编制会计报表。

第三章 实验资料

第一节 会计主体基本情况及核算制度

一、企业概况

1. 企业名称:上海鹏飞塑料制品股份有限公司

2. 性质:外商投资企业中外合资经营股份有限责任公司,一般纳税人,共发行非流通股票550万股,每股面值1元

3. 经营范围:生产和销售百叶窗、壁板

4. 开户银行:工商银行上海市分行杨浦支行

5. 账号:888888

6. 纳税人识别号:310115123456789

7. 生产、管理及服务机构:

(1)一个基本生产车间:100人

(2)一个辅助生产车间:机修车间20人

(3)管理部门:办公室5人,供应部8人(其中仓库4人),财务部6人

(4)医务所2人

8. 财务部的岗位设置:

财务总监:李弘达

总账会计:伍爱利

往来会计:游德立

出纳:文静

成本会计:赵燕

9. 法人代表:董事长王爱华

10. 联系方式:地址:上海市文达路100号;电话:69786520

二、企业会计政策及会计核算办法

1. 适用于《企业会计准则(2006)》及其后的各项修订。

2. 采用科目汇总表核算形式,每半月汇总一次,汇总后即登记总账。

3. 库存现金限额为6 000元。

4. 采用一次报销备用金制度。

5. 所有材料及包装物、低值易耗品均采用实际成本计价。发出包装物的成本按先进先出法计算。领用低值易耗品采用一次摊销法。

6. 采用直线法计提折旧。生产用房屋月折旧率为0.8%,机器月折旧率为1%,非生产用固定资产月折旧率为0.4%。

7. 采用计时工资制。按当月应付工资数进行分配,并作为计提福利费、工会经费、教育经费的基数。

8. 坏账准备按应收账款的5‰计提,其他应收款也属于计提坏账准备范围。

9. 发出产品成本用先进先出法计算。

10. 适用企业所得税税率25%。

第二节 会计事项及账务资料

某年*,企业的会计事项及账务资料如下:

一、11月30日各总分类账户余额

11月30日各总分类账户余额见表2.1。

表 2.1

总分类账户余额

General Ledger

单位:元
Monetary Unit: Yuan

科目名称 Items	借方金额 Debit	科目名称 Items	贷方金额 Credit
库存现金 Cash on Hand	7 800.00	短期借款 Short-term Loans	449 000.00
银行存款 Cash in Bank	2 447 600.00	应付账款 Accounts Payable	450 000.00
交易性金融资产 Trading Financial Assets	480 000.00	应付职工薪酬 Employee Compensation Payable	11 715.00
应收票据 Notes Receivable	18 000.00	应交税费 Taxes Payable	−250 000.00
应收账款 Accounts Receivable	1 270 000.00	长期借款 Long-term Loans	300 000.00
其他应收款 Other Receivables	11 000.00	股本 Capital Stock	5 500 000.00
坏账准备 Allowance for Doubtful Debts	−6 405.00	资本公积 Capital Surplus	62 000.00
原材料 Materials and Suppliers	680 000.00	盈余公积 Surplus Reserve	138 000.00
低值易耗品 Low-value Consumption Goods	5 000.00		
库存商品 Goods on Hand	395 000.00	本年利润 Current Year Profit	1 246 280.00
长期股权投资 Long-term Investments in Stock Ownership	500 000.00		

* 注:实验期的年份,可由指导教师统一规定,一般采用实验期的上一会计年度为宜,如实验期为2015年9月,可指定本实验中的会计期间为2014年12月份。

续表

科目名称 Items	借方金额 Debit	科目名称 Items	贷方金额 Credit
固定资产 Fixed Assets	1 920 000.00		
累计折旧 Accumulated Depreciation	−360 000.00		
在建工程 Construction in Progress	432 000.00		
无形资产 Intangible Assets	120 000.00		
累计摊销 Accumulated Amortization	−13 000.00		
合 计 Total	7 906 995.00	合计 Total	7 906 995.00

二、11 月 30 日各明细分类账户余额

11 月 30 日各明细分类账户余额见表 2.2。

表 2.2 **明细分类账户余额** 单位：元

Subsidiary Ledger Monetary Unit: Yuan

科目名称 Items	明细账 Sub. Ledger	数量 Quantity	单价 Price	借方金额 Debit	科目名称 Items	明细账 Sub. Ledger	贷方金额 Credit
应收票据 Notes Receivable	永安公司 Yongan Co.			18 000.00	短期借款 Short-term Loans	市工商银行 ICBC	449 000.00
应收账款 Accounts Receivable	振兴公司 Zhenxing Co.			10 000.00	应付账款 Accounts Payable	广发公司 Guangfa Co.	200 000.00
	甘美公司 Ganmei Co.			1 050 000.00		泛成公司 Fancheng Co.	250 000.00
	富华公司 Fuhua Co.			10 000.00	应付职工薪酬 Employee Compensation Payable	职工福利 Employee's Walfare Funds	11 715.00
	新华公司 Xinhua Co.			200 000.00	应交税费 Taxes Payable	应交所得税 Income Tax Payable	−250 000.00
原材料 Materials and Suppliers	聚氯乙烯 PVC	1 550 千克	100	155 000.00	长期借款 Long-term Loans	市建设银行 CCB	300 000.00
	碳酸钙 $CaCO_3$	2 500 千克	210	525 000.00	股本 Capital Stock	国家股本 State Shares	3 240 000.00
低值易耗品 Low-value Consumption Goods	劳动防护手套 Protective Gloves	100 件	50	5 000.00		Edwards 公司 Edwards 's Shares	2 260 000.00
库存商品 Goods on Hand	百叶窗 Blinds	125 件	1 480	185 000.00	盈余公积 Surplus Reserve	储备基金 Reserve Fund	138 000.00
	壁板 Wainscoting	75 件	2 800	210 000.00			
其他应收款 Other Receivables	存出保证金 Refundable Deposits			10 000.00			
	家属医保费 Medical Expenses for Families			1 000.00			
长期股权投资 Long-term Investments in Stock Ownership	大华公司股票 Dahua's Stock			500 000.00			

续表

科目名称 Items	明细账 Sub.Ledger	数量 Quantity	单价 Price	借方金额 Debit	科目名称 Items	明细账 Sub.Ledger	贷方金额 Credit
无形资产 Intangible Assets	专利权 Patents			120 000.00			
固定资产 Fixed Assets	车间厂房 Workshop Plants			900 000.00			
	车间机器 Workshop Mechines			650 000.00			
	机修车间厂房 Repair Workshop Plants			140 000.00			
	机修车间机器 Repair Workshop Mechines			50 000.00			
	非生产用固定资产 Nonproductive			180 000.00			

三、11 月 30 日“本年利润”科目中各转入数据的累计数

11 月 30 日“本年利润”科目中各转入数据的累计数见表 2.3。

表 2.3 **“本年利润”科目中各转入数据的累计数** 单位:元

Acc. Amount from “Current Year Profit” Monetary Unit: Yuan

科目名称 Items	借方发生额合计 Acc.Debit	科目名称 Items	贷方发生额合计 Acc. Credit
主营业务成本 Cost of Main Operation	2 200 000	主营业务收入 Income from Main Operation	5 450 000
其他业务成本 Other Business Expenditures	80 000	其他业务收入 Other Income	157 000
营业税金及附加 Oparating Taxes	51 000		
销售费用 Sales Expense	300 000	公允价值变动损益 Changes of Fair Value of Assets	80 000
管理费用 Adminstrative Expense	1 800 000	营业外收入 Income from Non-oparating Activites	11 600
财务费用 Financial Expense	16 000		
资产减值损失 Loss of Impairment of Assets	320		
营业外支出 Expense from Non-oparating Activites	5 000		

四、1～11 月现金流量表

1～11 月现金流量表见表 2.4。

表 2.4

现金流量表
CASH FLOW STATEMENT

1～11 月　　单位:元

For the Month Jan.—Nov.　　Monetary Unit: Yuan

项目 Items	金额 Amount	项目 Items	金额 Amount
一、经营活动产生的现金流量 1. Cash Flow from Operating Activities		补充资料 Supplementary Schedule	
销售商品、提供劳务收到的现金 Cash from Selling Commodities or Offering Labor	5 230 150.00	1. 将净利润调节为经营活动现金流量 1. Convert Net Profit to Cash Flow From Operating Activities	
收到的税费返还 Refund of Tax and Fee Received		净利润 Net Profit	1 246 280.00
收到的其他与经营活动有关的现金 Other Cash Received Related to Operating Activities	203 627.44	计提的资产减值准备 Provision for Asset Losses	
现金流入小计 Cash Inflow, Subtotal	5 433 777.44	固定资产折旧 Depreciation for Fixed Assets	190 000.00
购买商品、接受劳务支付的现金 Cash Paid for Commodities or Labor	2 005 923.20	无形资产摊销 Amortization of Intangible Assets	11 000.00
支付给职工以及为职工支付的现金 Cash Paid to and for Employees	686 900.00	长期待摊费用摊销 Amortization of Long-term Deferred Expenses	
支付的各项税费 Taxes and Fees Paid	1 110 376.80	处理固定资产、无形资产和其他长期资产的损失(收益以"—"号填列) Loss of Disposing Fixed Assets, Intangible Assets and Other Long-term Assets	
支付的其他与经营活动有关的现金 Other Cash Paid Related to Operating Activities	1 141 477.44	固定资产报废损失(收益以"—"号填列) Scrap Loss of Fixed Assets	
现金流出小计 Cash Outflow, Subtotal	4 944 677.44	公允价值变动损益(收益以"—"号填列) Profit and Losses on the Changes in Fair Value	—80 000.00
经营活动产生的现金流量净额 Cash Flow Generated from Operating Activities, Net Amount	489 100.00	财务费用 Financial Expenses	95 240.00
二、投资活动产生的现金流量 2. Cash Flow from Investing Activities		投资损失(收益以"—"号填列) Investment Losses	
收回投资所收到的现金 Cash from Investment Withdrawal		递延所得税资产减少(增加以"—"号填列) Decrease of Deferred Income Tax Assets	
取得投资收益所收到的现金 Cash from Investment Income	11 000.00	递延所得税负债增加(减少以"—"号填列) Increase of Deferred Income Tax Liquities	
处置固定资产、无形资产和其他长期资产所收回的现金净额 Net Cash From Disposing Fixed Assets, Intangible Assets and Other Long-term Assets		存货的减少(增加以"—"号填列) Decrease of Inventories	—242 000.00
处置子公司及其他营业单位收到的现金 Net Cash Received from the Disposal of Subsidiaries and Other Business Entities		经营性应收项目的减少(增加以"—"号填列) Decrease of Operation Receivables	—1 286 991.00
收到的其他与投资活动有关的现金 Other Cash Received Related to Investing Activities		经营性应付项目的增加(减少以"—"号填列) Increase of Operation Payables	—436 125.00

续表

项目 Items	金额 Amount	项目 Items	金额 Amount
现金流入小计 Cash Inflow, Subtotal	11 000.00	其他 Others	991 696.00
购建固定资产、无形资产和其他长期资产所支付的现金 Cash Paid for Buying Fixed Assets, Intangible Assets and Other Long-term Investments	502 000.00	经营活动产生的现金流量净额 Net Cash from Operating Activities	489 100.00
投资所支付的现金 Cash Paid for Investments	20 000.00		
取得子公司及其他经营单位支付的现金净额 Net Cash Paid for the Acquisition of Subsidiaries and Other Business Entities			
支付的其他与投资活动有关的现金 Other Cash Paid Related to Investing Activities			
现金流出小计 Cash Outflow, Subtotal	522 000.00	2. 不涉及现金收支的投资和筹资活动 2. Investing and Financing Activities not Involved in Cash	
投资活动产生的现金流量净额 Cash Flow Generated from Investing Activities, Net Amount	−511 000.00	债务转为资本 Debt Converted to Capital	
三、筹资活动产生的现金流量 3. Cash Flow from Financing Activities		一年内到期的可转换公司债券 Convertible Bond Maturity within One Year	
吸收投资所收到的现金 Cash Received from Accepting Investment	1 150 000.00	融资租入固定资产 Leased Fixed Assets	
借款所收到的现金 Borrowings			
收到的其他与筹资活动有关的现金 Other Cash Received Related to Financing Activities			
现金流入小计 Cash Inflow, Subtotal	1 150 000.00		
偿还债务所支付的现金 Cash Paid for Debt	482 460.00	3. 现金及现金等价物净增加情况 3. Net Increase of Cash and Cash Equiva-Lents	
分配股利、利润或偿付利息所支付的现金 Cash Paid for Dividend ,Profit or Interest	95 240.00	现金的期末余额 Cash, Ending	2 455 400.00
支付的其他与筹资活动有关的现金 Other Cash Paid Related to Financing Activities		减：现金的期初余额 Less: Cash, Beginning	1 905 000.00
现金流出小计 Cash Out Flow, Subtotal	577 700.00	加：现金等价物的期末余额 Plus: Cash Equivalents, Ending	
筹资活动产生的现金流量净额 Cash Flow from Financing Activities Net Amount	572 300.00	减：现金等价物的期初余额 Less: Cash Equivalents, Beginning	
四、汇率变动对现金的影响 4. Foreign Currency Translation Gains (Losses)		现金及现金等价物的净增加额 Net Increase of Cash and Cash Equivalents	550 400.00

续表

项目 Items	金额 Amount	项目 Items	金额 Amount
五、现金及现金等价物净增加额 5.Net Increase of Cash and Cash Equivalents	550 400.00		
加:期初现金及现金等价物余额 Plus: Cash & Cash Equivalents, Beginning Bal.	1 905 000.00		
六、期末现金及现金等价物余额 6.Cash & Cash Equivalents, Ending	2 955 400.00		

五、1~11 月所有者权益变动说明

1.5 月 20 日向股东分配现金股利 200 000 元;

2.7 月 15 日 Edwards 公司投入1 212 000元,其中,1 150 000元确认为"股本",62 000 元确认为"资本公积(股本溢价)"。

六、其他会计资料

1. 年初各总分类账户余额见表 2.5。

表 2.5 年初总分类账户余额 单位:元

General Ledger Monetary Unit: Yuan

科目名称 Items	借方金额 Debit	科目名称 Items	贷方金额 Credit
库存现金 Cash on Hand	5 000.00	短期借款 Short-term Loans	764 260.00
银行存款 Cash in Bank	1 900 000.00	应付账款 Accounts Payable	600 000.00
交易性金融资产 Trading Financial Assets	400 000.00	应交税费 Taxes Payable	47 840.00
应收票据 Notes Receivable	12 000.00	长期借款 Long-term Loans	467 200.00
应收账款 Accounts Receivable	1 140 000.00	股本 Capital Stock	4 350 000.00
坏账准备 Allowance for Doubtful Debts	−5 700.00	盈余公积 Surplus Reserve	138 000.00
原材料 Materials and Suppliers	554 000.00	未分配利润 Retained Earnings	200 000.00
库存商品 Goods on Hand	284 000.00		
长期股权投资 Long-term Investments in Stock Ownership	480 000.00		
固定资产 Fixed Assets	1 850 000.00		
累计折旧 Accumulated Depreciation	−170 000.00		

续表

科目名称 Items	借方金额 Debit	科目名称 Items	贷方金额 Credit
无形资产：Intangible Assets	120 000.00		
累计摊销 Accumulated Amortization	−2 000.00		
合计 Total	6 567 300.00	合计 Total	6 567 300.00

2. 上年度利润表资料见表 2.6。

表 2.6 **上年度利润表 Income Statement** 单位：元 Monetary Unit：Yuan

项　目 Items	本期金额 Amount
一、营业收入 Revenue	5 690 000
减：营业成本 Cost of Sold Goods	2 450 000
营业税金及附加 Oparating Taxes	40 000
销售费用 Sales Expense	320 000
管理费用 Adminstrative Expense	2 000 000
财务费用 Financial Expense	20 000
资产减值损失 Loss of Impairment of Assets	5 000
加：公允价值变动收益(损失以“－”号填列) Add：changes of Fair Value of Assets	25 000
投资收益(损失以“－”号填列) Investment income	40 000
其中：对联营企业和合营企业的投资收益 Include：income from Associates	
二、营业利润(亏损以“－”号填列) Oparating Profit	920 000
加：营业外收入 Add：Income from Non-oparating Activites	15 000
减：营业外支出 Less：Expense from Non-oparating Activites	9 000
其中：非流动资产处置损失 Include：Loss on Disposal of Non-current Assets	
三、利润总额(亏损总额以“－”号填列) Profit	926 000

续表

项 目 Items	本期金额 Amount
减:所得税费用 Less:Income Tax	231 500
四、净利润(净亏损以“－”号填列) Net Profit	694 500
五、每股收益: Earning Per Share	
(一)基本每股收益 Basic Earning Per Share	0.069 5
(二)稀释每股收益 Dilute Earning Per Share	

第四章 实验部分

实验一 复式记账法

一、实验目的

通过本实验，使学生掌握复式记账法(Double Entry)的方法。

二、实验要求

(1)根据会计准则(Accounting Standards)及其应用指南的科目要求，判断下列交易和事项所涉及的会计科目(Accounting Title)；

(2)根据借贷记账法的要求，编制(Journalizing)下列交易和事项的会计分录(Accounting Entry)。

三、实验材料

本年12月发生以下交易和事项：

(1)1日，将超限额库存现金1 800元送存银行。(附件1)

(2)2日，向清江市物资公司购入聚氯乙烯2 000千克，单价90元，增值税税率17%，用电汇方式支付货款。清江市物资公司开户行：清江市工商银行；账号：222333。(附件2、3、4)

(3) 2日，向清江市贸易公司购入碳酸钙800千克，单价220元，增值税税率17%，款项暂欠。(附件5、6)

(4) 2 日,用现金支付聚氯乙烯、碳酸钙运费 840 元,按材料重量分配。(附件 7)

(5) 3 日,向银行申请办理银行承兑汇票并承兑,票面金额200 000元,用于清偿广发公司货款,期限 3 个月,按票面金额的 2‰缴纳手续费。(附件 8、9)

(6)3 日,将银行承兑汇票交给广发公司,抵付前欠货款。广发公司开户行:工商银行上海市分行;账号:333444。(附件 10、11、12)

(7) 3 日,采购员张明借支差旅费 2 000 元,用现金支付。(附件 13)

(8) 4 日,向山东机床厂购入设备 A 一台,单价690 000元,增值税税率 17%,运费(含税)11 300元,用支票支付,该设备投入安装。山东机床厂开户行:工行青云分理处;账号:3444555。(附件 14、15、16、17、18)

(9)5 日,领用聚氯乙烯 1 000 千克,用于生产百叶窗。(附件 19)

(10) 5 日,领用碳酸钙 1 000 千克,用于生产壁板。(附件 20)

(11) 6 日,机修车间领用防护手套 10 副。(附件 21)

(12) 6 日,为支援山湖工厂让售聚氯乙烯 50 千克,单价 140 元,增值税税率 17%,款项未收。(附件 22)

(13) 6 日,结转已售聚氯乙烯成本。(附件 23)

(14) 8 日,开出支票交给第一建筑安装公司,支付设备 A 安装费23 400元,该公司账号:595959;开户行:建行城南分理处。(附件 24、25)

(15) 8 日,设备 A 安装完毕,交付车间使用。(附件 26)

(16) 10 日,将款项 10 000 元汇往济南市工商银行,开立采购专户,以采购员刘明的姓名为户名。账号:332255。(附件 27)

(17) 10 日,职工赵平报销医药费 800 元,以现金支付。(附件 28)

(18) 13 日,收到银行转来的电费付款通知,本月电费9 200元。经查电表确定:车间生产用电1 800度,其中百叶窗1 000度,壁板 800 度;照明用电 200 度;机修车间耗电2 000度,管理部门用电1 000度。(附件 29、30、31、32)

(19) 15 日,根据工资汇总表提取现金,并按工资计算表发放工资。同时分配工资,并按工资总额的 14%提取职工福利费。百叶窗耗用生产工人工时 600 工时,壁板耗用 400 工时。(附件 33、34、35、36)

(20)15 日,结转工资中的代扣款项。

(21)16 日,销售壁板 80 件给南昌市化工公司,单位售价 2 500 元,增值税税率 17%,用现金 900 元代垫运杂费,办妥托收手续。南昌市化工公司开户行:工行南昌市支行;账号:868586。(附件 37、38)

(22)16 日,销售百叶窗 90 件给新新公司,单位售价4 000元,增值税税率 17%,收到三个月期限的商业承兑汇票一张。该公司开户行:工行上海市分行;账号:8585840。(附件 39、40)

(23)17 日,采购员张明返厂,报销差旅费1 800元,退回现金 200 元。(附件 41、42)

(24)17 日,张明报销用济南采购专户款项采购的碳酸钙普通发票一张,价款8 000元,该材料 40 千克全部验收入库。(附件 43、44)

(25)18 日，收到银行转来济南采购专户余款2 000元的收账通知。(附件 45)

(26)19 日，永安公司一张面值为18 000元的商业承兑汇票到期，款项存入银行。永安公司账号：212121；开户行：工行上海分行杨浦支行。(附件 46)

(27)19 日，厂长办公室报销购宣传画用款 200 元，以现金支付。(附件 47)

会计人员的分录误登记为：

借：管理费用	2 000	
贷：库存现金		2 000

(28)20 日，经财产清查，发现聚氯乙烯盘盈 2 千克，其单价为 100 元；车间盘亏机器一台，账面原价80 000元，已提折旧76 000元。该机器为 2009 年以前购入，未抵扣过增值税进项税额。应收账款中振兴公司货款逾期已超过三年。(附件 48)

(29) 20 日，接受光明公司投资转入聚氯乙烯1 000千克，其单价为 100 元，增值税税率17%。(附件 49、50、51)

(30)20 日,接受光明公司投资转入电脑服务器一台。原账面价为50 000元,已提折旧10 000元,评估确认价为35 000元,交付厂部使用。(附件 52)

(31)22 日,经厂务会议审批,盘亏机器损失作营业外支出,材料盘盈冲减管理费用,振兴公司欠款冲减坏账准备。(附件 53)

(32) 24 日,收到富华公司转来款项20 000元,其中归还前欠款10 000元,预付货款10 000元,富华公司开户行:工行青山分理处;账号:212127。(附件 54)

(33)25 日,银行通知本季存款利息2 000元。(附件 55)

(34)28 日,厂工会召开先进生产者表彰大会,用现金支付证书费 200 元。(附件 56)

分录误登记为:

借:销售费用　　200

　　贷:库存现金　　200

(35)31 日,收到林山公司发来聚氯乙烯 500 千克,验收入库,账单尚未收到。(附件 57)

(36) 31 日,接银行通知,本季短期借款利息13 000元。(附件 58)

(37)31 日,用支票向上海蓝天电视台支付广告费用3 000元(含税)。电视台开户行:工行上海市分行杨浦支行;账号:888999,为小规模纳税人。(附件 59、60)

实验二 填制与审核原始凭证

一、实验目的

通过本实验,使学生掌握原始凭证的基本内容、填制方法及审核方法。

二、实验要求

(1)根据基础会计工作规范要求,补充和正确填制原始凭证(Original Voucher);

(2)根据基础会计工作规范要求,补充和正确审核原始凭证。

三、实验指导

1. 填制原始凭证的关键步骤

(1)原始凭证的内容。

必须具备凭证的名称、填制日期、填制凭证单位名称或者填制人姓名、经办人员的签名或盖章、接受凭证单位名称、经济业务内容、数量、单价和金额。

(2)原始凭证的条件。

从外单位取得的原始凭证,必须盖有填制单位的公章;从个人取得的原始凭证,必须有填制人员的签名或盖章。自制原始凭证,必须有经办单位领导人或者其指定人员的签名或盖章

(Stamped)。对外开出的原始凭证,必须加盖本单位公章。

(3)购买业务的原始凭证。

凡填有大写和小写金额的原始凭证,大写与小写金额必须相符。购买实物的原始凭证,必须有验收证明。支付款项的原始凭证,必须有收款单位和收款人的收款证明。

(4)一式几联的原始凭证。

应当注明各联的用途,只能以一联作为报销凭证。

一式几联的发票和收据,必须用双面复写纸(发票和收据本身具备复写纸功能的除外)套写,并连续编号。作废时,应当加盖"作废(Void)"戳记,连同存根一起保存,不得撤毁。

(5)发生销货退回。

除填制退货发票外,还必须有退货验收证明;退款时,必须取得对方的收款收据或者汇款银行的凭证,不得以退货发票(Invoice)代替收据(Receipt)。

(6)职工公出借款凭据。

必须附在记账凭证之后。收回借款时,应当另开收据或者退还借据副本,不得退还原借款收据(Receipt for a Loan)。

(7)经上级有关部门批准的经济业务。

应当将批准文件作为原始凭证附件。如果批准文件需要单独归档的,应当在凭证上注明批准机关名称、日期和文件字号。

原始凭证不得涂改、挖补。发现原始凭证有错误的,应当由开出单位重开或更正,更正处应当加盖开出单位的公章。

2. 原始凭证的审核要求

为了保证原始凭证内容的真实、正确,提高会计信息质量,充分发挥会计的监督作用,财会部门和经办业务部门必须对原始凭证进行严格的审核。审核的内容主要有以下三个方面:

(1)审核原始凭证的合法性。审核原始凭证所反映的经济业务是否符合有关政策、法律、制度、合同的规定,是否符合企业制定的有关规章、预算和计划的要求;审核有无违反规定的开支标准,有无弄虚作假、违法乱纪、贪污舞弊等行为。

(2)审核原始凭证的完整性。审核人员应该审核原始凭证是否具备作为合法凭证所具备的基本内容。填制的格式、内容以及手续是否符合规定的要求,各项目是否填写齐全,有关人员是否已签字、盖章。

(3)审核原始凭证的正确性。审核人员应该审核凭证上的经济内容摘要和数字计算是否正确,数量、单价、金额是否准确,大小写金额是否相符。

原始凭证的审核是一项重要而又细致的工作,对于不合法、不真实的原始凭证,会计人员应坚持原则,拒绝受理,并及时向单位领导报告。对于内容不全、数字不准、手续不齐的原始凭证应退回给有关经办人员,由其补充完整、更正错误或重开启后,再办理正式会计手续,只有审核无误的原始凭证,才能作为编制记账凭证的依据。

四、实验材料

会计事项及业务以及其对应的附件(Attachment)如下:

附 件

附件 1

中国工商银行现金进账(交款)单 (银行现金收入凭证)

年 月 日 字第 号 No.

收款单位	全称			交款部门	全 称	
	开户银行		账号		经手人签 章	
款项来源				现金计划项 目		
人民币(大写)						千 百 十 万 千 百 十 元 角 分
券别记录	100 元券__张 2 元券__张 1 角券__张 50 元券 __张 1 元券__张 5 分券__张(枚) 10 元券 __张 5 角券__张 2 分券__张(枚) 5 元券 __张 2 角券__张 1 分券__张(枚)			其中整把券共: ____把 ____元		会计分录: (贷)__ 对方科目(借)101 现金 会计记账员(章):出纳收款员(章): 复核员(章): 复核员(章): 年 月 日

第三联:由经收银行盖章后退回单位

附件 2

四川省增值税专用发票

××××××××××

全国统一发票监制章 四川 国家税务总局监制

No:

开票日期: 年 月 日

购买方	名 称:上海鹏飞塑料制品股份有限公司 纳税人识别号:310115123456789 地 址 、电 话:上海市文达路 100 号(69786520) 开户行及账号:工行上海市分行杨浦支行 888888				密码区		
货物或应税劳务、服务名称	规格型号	单 位	数 量	单 价	金 额	税 率	税额
聚氯乙烯		千克	2 000	90.—	180 000.00	17%	30 600.00
合 计					¥180 000.00		¥30 600.00
价税合计(大写)	贰拾壹万零陆佰元整			(小写)¥210 600.—			
销售方	名 称:清江市物资公司 纳税人识别号:360100123456789 地 址 、电 话:清江市顺利路 100 号(4357692) 开户行及账号:清江工行顺利路分理处 222333			备注	四川省清江市物资公司 发票专用章		

税总函〔20××〕××号××××公司

第二联:抵扣联 购买方扣税凭证

收款人:谢玉 复核:赵磊 开票人:程辉 销售方(章)

★提示:增值税发票的发票联,作为购买方核算采购成本和增值税进项税额的记账凭证;抵扣联,作为购买方报送主管税务机关认证和留存备查的凭证;记账联,作为销售方核算销售收入和销项税额的记账凭证。

附件 3

四川省增值税专用发票

（印章：全国统一发票监制章 四川 国家税务总局监制）

××××××××××× No:

开票日期： 年 月 日

税总函（20××）××号××××公司

购买方	名 称：上海鹏飞塑料制品股份有限公司 纳税人识别号：310115123456789 地 址 、电 话：上海市文达路 100 号(69786520) 开户行及账号：工行上海市分行杨浦支行 888888					密码区		
货物或应税劳务、服务名称	规格型号	单 位	数 量	单 价	金 额	税 率	税额	
聚氯乙烯		千克	2 000	90.—	180 000.00	17%	30 600.00	
合 计					¥180 000.00		¥30 600.00	
价税合计(大写)	贰拾壹万零陆佰元整			(小写)¥210 600.—				
销售方	名 称：清江市物资公司 纳税人识别号：360100123456789 地 址 、电 话：清江市顺利路 100 号(4357692) 开户行及账号：清江工行顺利路分理处 222333					备注	（印章：四川省清江市物资公司 发票专用章）	

第三联：发票联 购买方记账凭证

收款人：谢玉　　复核：赵磊　　开票人：程辉　　销售方(章)

附件 4

中国工商银行 电汇凭证(回 单) 1

委托日期 年 月 日　　　　字 第 号

汇款人	全 称				收款人	全 称						
	账 号或住址					账 号或住址						
	汇 出地 点	省 市县	汇出行名 称			汇 入地 点	省 市县	汇入行名 称				
人民币(大写)						千 百 十 万 千 百 十 元 角 分						
						2 1 0 6 0 0 0 0						
汇款用途：						汇出行盖章						
上列款项已根据委托办理；如需查询，请持此回单来行面洽。												
单位主管 会计 复核 记账						年 月 日						

（印章：中国工商银行上海市分行 杨浦支行 转讫）

此联汇出行给汇款人的回单

附件 5

四川省增值税专用发票

全国统一发票监制章 四川 国家税务总局监制

××××××××××　　　No:

开票日期：　年　月　日

税总函〔20××〕××号××××公司

购买方	名　　称：上海鹏飞塑料制品股份有限公司 纳税人识别号：310115123456789 地 址 、电 话：上海市文达路 100 号(69786520) 开户行及账号：工行上海市分行杨浦支行 888888				密码区		
货物或应税劳务、服务名称	规格型号	单位	数量	单价	金额	税率	税额
碳酸钙		千克	800	220.—	176 000.00	17%	29 920.00
合　计					¥176 000.00		¥29 920.00
价税合计(大写)	贰拾万伍仟玖佰贰拾元整　　(小写)¥205 920.—						
销售方	名　　称：清江市贸易公司 纳税人识别号：360100123456788 地 址 、电 话：清江市顺利路 101 号(4357872) 开户行及账号：清江工行顺利路分理处 222446				备注	四川省清江市贸易公司 发票专用章	

第二联：抵扣联　购买方扣税凭证

收款人：杜莉　　复核：程成　　开票人：张皓　　销售方(章)

附件 6

四川省增值税专用发票

全国统一发票监制章 四川 国家税务总局监制

××××××××××　　　No:

开票日期：　年　月　日

税总函〔20××〕××号××××公司

购买方	名　　称：上海鹏飞塑料制品股份有限公司 纳税人识别号：310115123456789 地 址 、电 话：上海市文达路 100 号(69786520) 开户行及账号：工行上海市分行杨浦支行 888888				密码区		
货物或应税劳务、服务名称	规格型号	单位	数量	单价	金额	税率	税额
碳酸钙		千克	800	220.—	176 000.00	17%	29 920.00
合　计					¥176 000.00		¥29 920.00
价税合计(大写)	贰拾万伍仟玖佰贰拾元整　　(小写)¥205 920.—						
销售方	名　　称：清江市贸易公司 纳税人识别号：360100123456788 地 址 、电 话：清江市顺利路 101 号(4357872) 开户行及账号：清江工行顺利路分理处 222446				备注	四川省清江市贸易公司 发票专用章	

第三联：发票联　购买方记账凭证

收款人：杜莉　　复核：程成　　开票人：张皓　　销售方(章)

附件 7

全国联运行业货运统一发票

发　票　联

全国统一发票监制章 四川 国家税务总局监制

发票代码　251000410009

发票号码　00001005

开票日期　　　年　月　日

<table>
<tr><td>机打代码
机打号码
机器编号</td><td>251000410009
00001005</td><td>密
码
区</td><td colspan="2"></td></tr>
<tr><td>发货人名称</td><td>四川清江市物资公司、清江市贸易公司</td><td colspan="2">运 输 费 用</td><td>其 他 费 用</td></tr>
<tr><td>纳税人识别号</td><td>360100123456789、360100123456788</td><td colspan="2">项目及金额</td><td>项目及金额</td></tr>
<tr><td>收货人名称</td><td>上海鹏飞塑料制品股份有限公司</td><td colspan="2" rowspan="5">一、自备运输工具运输
1 公路运费　840.00
2 水路运费　0.00

二、代付运费
1 铁路运费　0.00
2 公路运费　0.00
3 水路运费　0.00
4 航空运费　0.00
小计　840.00</td><td rowspan="5">仓储费　0.00
包装整理费　0.00
装卸费　0.00
业务费　0.00
票签费　0.00
小计　0.00
包干费　0.00
垫付费用
项目及金额
保险费　0.00
邮寄费　0.00
小计　0.00</td></tr>
<tr><td>纳税人识别号</td><td>310115123456789</td></tr>
<tr><td colspan="2">发货站(港)　到站(港)　经由　中转
清江　上海</td></tr>
<tr><td colspan="2">货物名称　件数　计费重量　包装
材料　40　2 800　箱</td></tr>
<tr><td colspan="2">清江市运输公司 发票专用章</td></tr>
<tr><td colspan="2">合计人民币(大写)　捌佰肆拾元整</td><td colspan="3">¥840.00</td></tr>
<tr><td>承运人名称
纳税人识别号</td><td>清江市运输公司
516100201900273、360100123456788</td><td colspan="2">主管税务机关
及 代 码</td><td>29000402</td></tr>
</table>

第三联：发票联　付款方记账凭证

开票单位盖章　　开票人：胡民为　　收款人：胡民为　　手写无效

★提示：清江市运输公司不符合"交通运输业营业税改增值税"政策中关于"一般纳税人资格认定的条件"，尚未取得增值税专用发票。上海鹏飞塑料制品股份有限公司在取得上述小规模纳税人的运费发票后，不得抵扣；若上述发票由税务局代开，其所含 3%的增值税额可以抵扣；同时，随同运费发生的装卸费、保险费等其他杂项不得抵扣。

附件 8

银行承兑协议 1

编号:______________

银行承兑汇票的内容:

付款人全称________________ 收款人全称________________

开 户 银 行________________ 开 户 银 行________________

账 号________________ 账 号________________

汇 票 号 码________________ 汇 票 号 码(大写)________________

签 发 日 期_____年__月__日 到期日期_____年__月__日

以上汇票经承兑银行承兑,承兑申请人(下称申请人)愿遵守《银行结算办法》的规定及下列条款:

一、申请人于汇票到期日前将应付票款足额交存承兑银行。

二、承兑手续费按票面金额千分之( )计算,在银行承兑时一次付清。

三、承兑汇票如发生任何交易纠纷,均由收付双方自行处理,票款于到期前仍按第一条办理不误。

四、承兑汇票到期日,承兑银行凭票无条件支付票款。如到期日之前申请人不能足额交付票款时,承兑银行对不足支付部分的票款作承兑申请人逾期贷款,并按照有关规定计收罚息。

五、承兑汇票款付清后,本协议始自动失效。

本协议第一、二联分别由承兑银行信贷部门和承兑申请人存执,协议副本由银行会计部门存查。

承兑银行________________(盖章) 承兑申请人________________(盖章)

订立承兑协议日期________年________月________日

注:本协议共印三联。在“银行承兑协议”之后,第二联加印 2,第三联加印(副本)字样。

附件 9

中国工商银行上海市分行特种转账传票

年 月 日 第 号

<table>
<tr><td rowspan="2">收款单位</td><td>全称</td><td colspan="3">上海市分行</td><td rowspan="2">汇款单位</td><td>全称</td><td colspan="3">上海鹏飞塑料制品股份有限公司</td></tr>
<tr><td>开户银行</td><td></td><td>账号</td><td></td><td>开户银行</td><td>杨浦支行</td><td>账号</td><td>888888</td></tr>
</table>

人民币 (大写)肆佰元整	千	百	十	万	千	百	十	元	角	分
					¥	4	0	0	0	0

用途:手续费	
款项已划转收款单位	备注: 中国工商银行上海市分行 杨浦支行 转讫

第三联:付款通知

附件 10

银行承兑汇票(存根) 4

汇票号码

签发日期　　年　月　日　　　　第　　号

<table>
<tr><td rowspan="3">承兑申请人</td><td>全　称</td><td colspan="3"></td><td rowspan="3">收款人</td><td>全　称</td><td colspan="3"></td></tr>
<tr><td>账　号</td><td colspan="3"></td><td>账　号</td><td colspan="3"></td></tr>
<tr><td>开户银行</td><td></td><td>行号</td><td></td><td>开户银行</td><td></td><td>行号</td><td></td></tr>
<tr><td colspan="2">汇票金额</td><td colspan="5">人民币
(大写)</td><td colspan="3">千 百 十 万 千 百 十 元 角 分</td></tr>
<tr><td colspan="2">汇票到期日</td><td colspan="2">年　月　日</td><td colspan="6"></td></tr>
<tr><td colspan="4" rowspan="2">备注：</td><td>承兑协议编号</td><td></td><td>交易合同号码</td><td colspan="3"></td></tr>
<tr><td colspan="6">负责　　　经办</td></tr>
</table>

此联签发人存查

中国工商银行上海市分行
杨浦支行
转讫

附件 11

银行承兑汇票 2

汇票号码

签发日期　　年　月　日　　　　第　　号

<table>
<tr><td rowspan="3">承兑申请人</td><td>全　称</td><td colspan="3"></td><td rowspan="3">收款人</td><td>全　称</td><td colspan="3"></td></tr>
<tr><td>账　号</td><td colspan="3"></td><td>账　号</td><td colspan="3"></td></tr>
<tr><td>开户银行</td><td></td><td>行号</td><td></td><td>开户银行</td><td></td><td>行号</td><td></td></tr>
<tr><td colspan="2">汇票金额</td><td colspan="5">人民币
(大写)</td><td colspan="3">千 百 十 万 千 百 十 元 角 分</td></tr>
<tr><td colspan="2">汇票到期日</td><td colspan="2">年　月　日</td><td colspan="6"></td></tr>
<tr><td colspan="4">本汇票请你行承诺，并确认(银行结算办法)和承兑协议的各项规定。
此致
承兑银行
承兑申请人签章
年　月　日</td><td>承兑协议编号</td><td></td><td>交易合同号码</td><td colspan="3"></td></tr>
<tr><td colspan="4">本汇票经本行承兑，到期日由本行付交。
承兑银行盖章
年　月　日</td><td colspan="2">汇票签发人盖章
负责　　　经办</td><td colspan="4">科目(借)____
对方科目(贷)____
转账　　年　月　日
复核　记账</td></tr>
</table>

此联收款人开户银行向承兑行收取票款时作联行凭证

中国工商银行上海市分行
杨浦支行
转讫

注 意 事 项

一、收款人必须将本汇票和解讫通知同时提交开户银行,两者缺一无效。

二、本汇票经背书可以转让。

被背书人	被背书人	被背书人
背书 日期　　年　月　日	背书 日期　　年　月　日	背书 日期　　年　月　日

附件 12

银行承兑汇票（解讫通知） 3

签发日期 年 月 日

汇票号码
第 号

承兑申请人	全 称				收款人	全 称			
	账 号					账 号			
	开户银行		行号			开户银行		行 号	
汇票金额		人民币（大写）					千 百 十 万 千 百 十 元 角 分		
汇票到期日		年 月 日							
收款人开户银行盖章 复核 会计			承兑协议编号			交易合同号码			
			中国工商银行上海市分行 杨浦支行 转讫						
备注：			汇票签发人签章 负责 经办						

承兑行作借方凭证附件

附件 13

借 款 单

年 月 日

部 门	供应科	姓名	张 明	借款用途	采购材料
借款金额	人民币（大写）贰仟元整（￥2 000.00）				
实际报销金额		节余金额 超支金额	现金付讫	负责人审核意见	同意借款。 李弘达
备注				结账日期 年 月 日	

记账联

财务主管：李弘达　会计：游德立　出纳：文 静　借款人：张 明

附件 14

中国工商银行上海市分行转账支票 （第一联）

签发日期 年 月 日 字 号

收款单位	全称			付款单位	全称	上海鹏飞塑料制品股份有限公司	
	开户银行		账号		开户银行	账号	888888

人民币	千	百	十	万	千	百	十	元	角	分
(大写)捌拾壹万捌仟陆佰元整		¥	8	1	8	6	0	0	0	0

用途：购买设备 A

上列款项，已委托开户银行划转收款单位账号

单位主管 会计 复核 记账

备注：中国工商银行上海市分行 杨浦支行 转讫

第三联：付款通知

附件 15

山东省增值税专用发票

全国统一发票监制章 山东 国家税务总局监制

××××××××××

No:

开票日期： 年 月 日

购买方	名称：上海鹏飞塑料制品股份有限公司 纳税人识别号：310115123456789 地址、电话：上海市文达路 100 号(69786520) 开户行及账号：工行上海市分行杨浦支行 888888				密码区			
货物或应税劳务、服务名称		规格型号	单位	数量	单价	金额	税率	税额
设备 A			台	1	690 000	690 000.00	17%	117 300.00
合计						¥690 000.00		¥117 300.00
价税合计(大写)		捌拾万柒仟叁佰元整			(小写)¥807 300.—			
销售方	名称：山东机床厂 纳税人识别号：370653705821934 地址、电话：山东济南青云路 10 号(5435838) 开户行及账号：工行青云路分理处 3444555				备注	山东机床厂 发票专用章		

收款人：张文 复核：徐鸿 开票人：成韵 销售方(章)

税总函〔20××〕××号××××公司

第二联：抵扣联 购买方扣税凭证

★提示：从 2009 年 1 月 1 日起，纳税人购进的可使用 12 月以上的机器、运输工具及与生产经营有关的设备，其所包含的增值税进项税额准予抵扣。

附件 16

山东省增值税专用发票

××××××××××　　　　No:

开票日期：　　年　　月　　日

税总函〔20××〕××号××××公司

购买方	名　　称：上海鹏飞塑料制品股份有限公司 纳税人识别号：310115123456789 地 址 、电 话：上海市文达路 100 号(69786520) 开户行及账号：工行上海市分行杨浦支行 888888				密码区		
货物或应税劳务、服务名称	规格型号	单 位	数 量	单 价	金　额	税 率	税　额
设备 A		台	1	690 000	690 000.00	17%	117 300.00
合　计					¥690 000.00		¥117 300.00
价税合计(大写)	捌拾万柒仟叁佰元整　　　(小写)¥807 300.—						
销售方	名　　称：山东机床厂 纳税人识别号：370653705821934 地 址 、电 话：山东济南青云路 10 号(5435838) 开户行及账号：工行青云路分理处 3444555				备注		

第三联：发票联　购买方记账凭证

收款人：张文　　复核：徐鸿　　开票人：成韵　　销售方(章)

附件 17

山东省增值税专用发票

××××××××××**发票联** No:

开票日期：　　年　　月　　日

购买方	名　　称：上海鹏飞塑料制品股份有限公司 纳税人识别号：310115123456789 地 址 、电 话：上海市文达路 100 号(69786520) 开户行及账号：工行上海市分行杨浦支行 888888				密码区		
起始地、经由、到达地	济南　　上海						
费用项目及金额	公路运费　　10 180.18				运输货物信息	山东机床厂委托发往上海鹏飞公司的机器设备	
合计(金额)	10 180.18	税率	11%	税额	1 119.82	机器编号	
价税合计(大写)	壹万壹仟叁佰元整　　¥11 300.00						
销售方	名　　称：山东省运输公司 纳税人识别号：416100201800234				备　注		

第二联：抵扣联

收款人：安东　　复核：苏小　　开票人：张贵　　销售方(章)

★提示：山东省运输公司为增值税一般纳税人，应按 11%的税率开具增值税专用发票，上海鹏飞塑料制品有限公司应按取得的专用发票中注明的增值税税额进行抵扣。

附件 18

山东省增值税专用发票

××××××××××××发票联 No:

开票日期：　年　月　日

<table>
<tr><td>购买方</td><td colspan="4">名　　　　称：上海鹏飞塑料制品股份有限公司
纳税人识别号：310115123456789
地 址 、电 话：上海市文达路 100 号(69786520)
开户行及账号：工行上海市分行杨浦支行 888888</td><td>密码区</td><td colspan="2"></td></tr>
<tr><td>起始地、经由、到达地</td><td colspan="7">济南　　上海</td></tr>
<tr><td>费用项目及金额</td><td colspan="4">公路运费　　10 180.18</td><td>运输货物信息</td><td colspan="2">山东机床厂委托发往上海鹏飞公司的机器设备</td></tr>
<tr><td>合计(金额)</td><td>10 180.18</td><td>税率</td><td>11%</td><td>税额</td><td>1 119.82</td><td>机器编号</td><td></td></tr>
<tr><td>价税合计(大写)</td><td colspan="7">壹万壹仟叁佰元整　　¥11 300.00</td></tr>
<tr><td>销售方</td><td colspan="4">名　　　　称：山东省运输公司
纳税人识别号：416100201800234</td><td>备　注</td><td colspan="2"></td></tr>
</table>

第三联：发票联

收款人：安东　　复核：苏小　　开票人：张贵　　销售方(章)

附件 19

物资类别	

Classification

出 库 单

Stock out

连续号:20001

年 月 日

Date

Issue No.

提货单位或领货部门 Department of User			发票号码或生产单号码 Invoice No.		发出仓库 Warehouse		出库日期 Date to Pull	
编 号 Code	名称及规格 Name and Specification	单位 Unit	数量 Quantity 要 数 Demand	数量 Quantity 实 发 Send	单 价 Price	金 额 Amount	备 注 Remark	
合 计 Total								

二、记账联

财会部门主管 Approved　　记账 赵 燕 Entered　　发货 张 华 Shipper　　制单 赵 平 Prepared

附件 20

物资类别	

Classification

出 库 单

Stock out

连续号:20002

年 月 日

Date

Issue No.

提货单位或领货部门 Department of User			发票号码或生产单号码 Invoice No.		发出仓库 Warehouse		出库日期 Date to Pull	
编 号 Code	名称及规格 Name and Specification	单位 Unit	数量 Quantity 要 数 Demand	数量 Quantity 实 发 Send	单 价 Price	金 额 Amount	备 注 Remark	
合 计 Total								

二、记账联

财会部门主管 Approved　　记账 赵 燕 Entered　　发货 张 华 Shipper　　制单 赵 平 Prepared

附件 21

物资类别	

Classification

出　库　单

Stock out

年　月　日

Date

连续号：20003

Issue No.

提货单位或领货部门 Department of User		发票号码或生产单号码 Invoice No.		发出仓库 Warehouse		出库日期 Date to Pull	

编号 Code	名称及规格 Name and Specification	单位 Unit	数量 Quantity		单价 Price	金额 Amount	备注 Remark
			要数 Demand	实发 Send			
合计 Total							

二、记账联

财会部门主管 Approved　　记账 赵燕 Entered　　发货 张华 Shipper　　制单 赵平 Prepared

附件 22

上海市增值税专用发票

××××××××××　　　　No：

此联不作报销、扣税凭证使用　　开票日期：　年　月　日

税总函〔20××〕××号××××公司

购买方	名　称：山湖工厂 纳税人识别号：360135123456710 地址、电话：江西南昌大连路 23 号(6456120) 开户行及账号：工行南昌市分行 533455	密码区	

货物或应税劳务、服务名称	规格型号	单位	数量	单价	金额	税率	税额
合　计							
价税合计(大写)					(小写)¥		

销售方	名　称：上海鹏飞塑料制品股份有限公司 纳税人识别号：310115123456789 地址、电话：上海市文达路 100 号(69786520) 开户行及账号：工行上海市分行杨浦支行 888888	备注	

第一联：记账联　销买方记账凭证

收款人：　　复核：　　开票人：　　销售方(章)

附件 23

物资类别	

Classification

出　库　单

Stock out

年　月　日

Date

连续号：20004

Issue No.

提货单位或领货部门 Department of User		发票号码或生产单号码 Invoice No.		发出仓库 Warehouse		出库日期 Date to Pull	

编号 Code	名称及规格 Name and Specification	单位 Unit	数量 Quantity 要数 Demand	数量 Quantity 实发 Send	单价 Price	金额 Amount	备注 Remark
合计 Total							

二、记账联

财会部门主管 Approved　　记账 Entered 赵燕　　发货 Shipper 张华　　制单 Prepared 赵平

附件 24

开户行：
账　号：

上海市商业销售发票

发　票　联

商零字

购货单位：上海鹏飞塑料制品股份有限公司　　　　年　月　日

商品名称	规格	单位	数量	单价	金额 万	千	百	十	元	角	分
设备 A 安装费					2	3	4	0	0	0	0
合计人民币(大写)　贰万　叁仟　肆佰　×拾　×元　×角　×分　¥23,400.00											

第二联：发票

单位(盖章)：第一建筑安装公司　　收款：　　开票：上官

附件 25

中国工商银行上海市分行转账支票　（第一联）

签发日期　　年　月　日　　第　　号

收款单位	全 称				付款单位	全 称			
	开户银行		账 号			开户银行		账 号	

人民币（大写）	千	百	十	万	千	百	十	元	角	分

用途：	
上列款项，已委托开户银行划转收款单位账号 单位主管　　会计　　复核　　记账	备注：

中国工商银行上海市分行
杨浦支行
转讫

此联作付款单位留底

附件 26

上海鹏飞塑料制品股份有限公司
(Shanghai Pengfei Co.)
固定资产验收通知单
(Fixed Assets Acceptance)

计划项目：　　　　　　　　　　　　　　　　年　月　日制
Item:　　　　　　　　　　　　　　　　　　　Date

名称及规格 Name or Classification	单位 Unit	数量 Quantity	总值金额 Total Amount									总值中的安装费 Installation Cost								使用年限 Useful Life	预计残值 Salvage Value							存放地点 Location
			百	十	万	千	百	十	元	角	分	十	万	千	百	十	元	角	分		万	千	百	十	元	角	分	

来 源 Source		评估确认价 Estimated Price		对方单位名称 Name of Supplier	
附 件					

附件　张

验收部门　　　　　验收人　　　　承办部门负责人　　　　制单
Dept.of Checking　　Checker　　　Chief of Undertaker　　　Prepared

附件 27

中国工商银行 电汇凭证(回单) 1

委托日期 年 月 日 第 号

汇款人	全 称			收款人	全 称		
	账 户 或住址				账 户 或住址		
	汇 出 地 点	省 市 县	汇出行 名 称		汇 入 地 点	省 市 县	汇入行 名 称
金额	人民币 (大写)					千 百 十 万 千 百 十 元 角 分	
汇款用途:					汇出行盖章 中国工商银行上海市分行 杨浦支行 转讫 年 月 日		
上列款项已根据委托办理;如需查询,请持此回单来行面洽。							
单位主管 会计 复核 记账							

此联汇出行给汇款人的回单

附件 28

上海市行政事业性专用医院门诊费收据

上海市财政局票据监制章

姓名:赵平 年 月 日 No:

西 药	754.—	检 查	40.00	化验	6.00	
其中:自费药品		治 疗		输 血		
中 药		放 射		输 氧		
其中:自费药品		手 术		其 他		
合计人民币:×万 ×仟 捌佰 ×拾 ×元 ×角 ×分					收费员	吴

上海市第一中心医院 收费专用章

附件 29

上海市增值税专用发票

5100041140　　　　No:5020010472

开票日期：　年　月　日

税总函〔20××〕××号×××公司

购买方	名　　称:上海鹏飞塑料制品股份有限公司 纳税人识别号:310115123456789 地 址 、电 话:上海市文达路 100 号(69786520) 开户行及账号:工行上海市分行杨浦支行 888888				密码区	172312—4—275〈1+46＊54＊密码:01181321〉 〈8182＊59＊09618　5100041140〉〈4〈3＊2702—9〉9 ＊+153〈/05020010472＊08/4〉＊〉〉2—3＊0/9/〉〉25		
货物或应税劳务、服务名称		规格型号	单 位	数 量	单 价	金 额	税 率	税额
电			千瓦时	5 000	1.84	9 200	17%	1 564
合 计						¥9 200.00	17%	¥1 564.00
价税合计(大写)		⊗壹万零柒佰陆拾肆元整						(小写)¥10 764.00
销售方	名　　称:上海市电力公司 纳税人识别号:312117800218526 地 址 、电 话:杨浦区永陵路 78 号 开户行及账号:建行杨浦支行 9512422051				备注			

第三联：发票联　购买方记账凭证

收款人:向东　　复核:向东　　开票人:郝海运　　销售方(章)

附件 30

上海市增值税专用发票

5100041140　　　　No:5020010472

开票日期：　年　月　日

税总函〔20××〕××号×××公司

购买方	名　　称:上海鹏飞塑料制品股份有限公司 纳税人识别号:310115123456789 地 址 、电 话:上海市文达路 100 号(69786520) 开户行及账号:工行上海市分行杨浦支行 888888				密码区	172312—4—275〈1+46＊54＊密码:01181321〉 〈8182＊59＊09618　5100041140〉〈4〈3＊2702—9〉9 ＊+153〈/05020010472＊08/4〉＊〉〉2—3＊0/9/〉〉25		
货物或应税劳务、服务名称		规格型号	单 位	数 量	单 价	金 额	税 率	税额
电			千瓦时	5 000	1.84	9 200	17%	1 564
合 计						¥9 200.00	17%	¥1 564.00
价税合计(大写)		⊗壹万零柒佰陆拾肆元整						(小写)¥10 764.00
销售方	名　　称:上海市电力公司 纳税人识别号:312117800218526 地 址 、电 话:杨浦区永陵路 78 号 开户行及账号:建行杨浦支行 9512422051				备注			

第二联：抵扣联　付款方留存

收款人:向东　　复核:向东　　开票人:郝海运　　销售方(章)

附件 31

委托收款凭证(付款通知) 5

委托日期 年 月 日

付款人	全称	上海鹏飞塑料制品股份有限公司	收款人	全称	上海市电力公司
	账户或住址	888888		账户	9512422051
	开户银行	工行上海市分行杨浦支行		开户银行	建行杨浦支行

委收金额	人民币(大写)	壹万零柒佰陆拾肆元整	千	百	十	万	千	百	十	元	角	分
					¥	1	0	7	6	4	0	0

款项内容	销货款	委托收款凭证名称		附寄单证	

备注:	上列款项: 1. 已全部划回或入你方账户。 2. 已收回部分款项收入你方账户。 3. 全部未收到。	中国工商银行上海市分行 杨浦支行 转讫 (付款人开户银行盖章) 年 月 日

单位主管 会计 复核 记账 付款人开户银行收到日期 年 月 日

支付日期 年 月 日

此联付款人开户银行给付款人按期付款的通知

附件 32

电 费 分 配 表

Electricity Fees Allocation Sheet

用电单位 Department	消耗量(度) Consume Units	电费分配金额 Amounts
合计 Total		

审核 Approved　　填表 Prepared

附件 33

工资结算汇总表
Summary of Wages

年　月　日
Date

单位:元
RMB ¥

车间部门 Dept.		基本工资 Basic Wages	加班工资 Overtime Pay	应扣工资 Deducted Wages		应付工资 Wages Payable	实发工资 Real Wages
				病假	事假		
车间	生产工人工资	20 000	800	70	30	20 700	
	管理人员工资	3 000	100			3 100	
机修车间		8 000	200	40	60	8 100	
管理部门		6 000		20	40	5 940	
医务所		1 000				1 000	
合　计							

注:生产百叶窗耗用工时　600 工时
　　生产壁板耗用工时　400 工时

附件 34

中国工商银行
现金支票存根

支票号码　№　286702

科　　目

对方科目

签发日期　　年　　月　　日

收款人:上海鹏飞塑料制品股份有限公司
金　额:　　　元
用　途:备发工资
备　注

单位主管:　　　　会计:
复　　核:　　　　记账:文　静

附件 35

工资费用分配表
Wages Allocation Sheet

年　月　日
Date

单位:元
RMB ￥

应借账户 Debit Account	应贷账户:应付职工薪酬——工资 Credit Account: Employee Compensation Payable: Wages			
	机修车间	管理部门	医务所	合　计
生产成本——基本生产——百叶窗				
——壁板				
生产成本——辅助生产				
制造费用				
管理费用				
应付职工薪酬——职工福利				
合　计 Total				

财务主管:李宏达　　审核:　　制单:赵　燕
CFO　　Approved　　Prepared

附件 36

福利费计提表
Accrued Welfare Expense

年　月　日
Date

单位:元
RMB ￥

应借账户 Debit Account	计提基数(工资总额) Sum of Wages	提取比例(%) Percentage	应提取福利费 Accrued Welfare Expense
生产成本——基本生产——百叶窗		14	
——壁板		14	
生产成本——辅助生产——机修车间		14	
制造费用——一车间		14	
管理费用		14	
合　计 Total			

财务主管:李宏达　　审核:　　制单:
CFO　　Approved　　Prepared

附件 37

上海市增值税专用发票

记账联

××××××××××× No:

此联不作报销、扣税凭证使用 开票日期： 年 月 日

税总函〔20××〕××号××××公司

购买方	名 称：南昌市化工公司 纳税人识别号：360135135456710 地 址 、电 话：南昌市城建路 56 号(6451208) 开户行及账号：				密码区		
货物或应税劳务、服务名称	规格型号	单 位	数 量	单 价	金 额	税 率	税额
合 计							
价税合计(大写)					(小写)¥		
销售方	名 称：上海鹏飞塑料制品股份有限公司 纳税人识别号：310115123456789 地 址 、电 话：上海市文达路 100 号(69786520) 开户行及账号：工行上海市分行杨浦支行 888888				备注	发票专用章	

第一联：记账联 销售方记账凭证

收款人： 复核： 开票人： 销售方(章)

附件 38

托收承付凭证(回单) 1

托收号码：

委托日期 年 月 日

付款人	全 称		收款人	全 称	
	账户或地址			账 户	
	开户银行			开户银行	行 号
人民币 (大写)					千 百 十 万 千 百 十 元 角 分 ¥
附 件		商品发运情况		合同名称号码	
附寄单证张数或册数					
备注：		款项收妥日期： 年 月 日		收款人开户银行盖章 年 月	

此联是收款人开户银行给收款人的回单

附件 39

上海市增值税专用发票

（印章：全国统一发票监制章　上海　国家税务总局监制）

×××××××××××　　　　No:

此联不作报销、扣税凭证使用　　开票日期：　年　月　日

税总函〔20××〕××号××××公司

购买方：名称：新新公司 纳税人识别号：310246535456710 地址、电话：上海市建设路46号(65620208) 开户行及账号：					密码区		
货物或应税劳务、服务名称	规格型号	单位	数量	单价	金额	税率	税额
合计							
价税合计（大写）				(小写)¥			
销售方：名称： 纳税人识别号： 地址、电话： 开户行及账号：					备注		

第一联：记账联　销售方记账凭证

（印章：上海鹏飞塑料制品股份有限公司　发票专用章）

收款人：　　复核：　　开票人：　　销售方（章）

附件 40

商业承兑汇票　5

汇票号码：

委托日期　年　月　日　　　　第　号

付款人	全称		收款人	全称									
	账户或地址			账户									
	开户银行			开户银行		行号							
汇票金额	人民币（大写）				千	百	十	万	千	百	十	元	角 分
汇票到期日	年　月　日		交易合同号码										
本汇票已经本单位承兑，到期日无条件支付票款 此致 收款人 付款人盖章 付现　现办 年　月　日			汇票签发人盖章 （印章：上海市新新公司　财务专用章） 负责 郑丽　经办 罗华										

此联收款人开户银行随结处凭证寄付款人开户行作付出传票附件

注意事项

一、付款人于汇票到期日前须将票款足额交存开户银行，如账号存款余额不足时，银行比照空支票处以罚款。

二、本汇票经背书可以转让。

被背书人	被背书人	被背书人
背书 日期　　年　月　日	背书 日期　　年　月　日	背书 日期　　年　月　日

附件 41

差旅费报支单
Business Trip Claims

报销日期　年　月　日
Reimburse Date

姓 名 Name				职 别 Position					出差事由 Mission Subject				
出差起止日期 Beginning and End				自　年　月　日至　年　月　日止共　天附单据　张 Beginning Date:　To End Date:　Total Days Attachments:									
日期 Date		起讫地点 Location				车 船 费 Vehicle and Vessel Fees			宿费 Room Charges	杂费 Sundry Charges	途中伙食补助 Food Allowance		合计 Total
月	日	起点	时间	终点	时间	交通工具	张数	金额			每天补助	金额	
万　仟　佰　元　角　分													

负责人 Approved　　会计 Accountant　　审核 Checked　　主管 Chief　　出差人 张 明 Staff

附件 42

对方科目	字第 GEN.	分号 No.

收 款 收 据
Receipt

对方科目
Credit Account

年　月　日
Date

第三联：记账

交款单位 Payer		
摘　要 Explanation		
金　额 Amount	人民币 RMB (大写)(SAY)	¥________

附件　张

主管 李弘达 CFO　　会计 Accountant　　业务 Operator　　记账 Entered　　出纳 文 静 Cashier

附件 43

山东省济南市商业销售发票
发票联

购货单位：上海鹏飞塑料制品股份有限公司　　　　　　　　　　年　月　日

商品名称	规格	单位	数量	单价	金额						
					万	千	百	十	元	角	分
碳酸钙		千克	40	200		8	0	0	0	0	0
合　计					¥	8	0	0	0	0	0
合计人民币（大写）　×万　捌仟　×佰　×拾　×元　×角　×分　¥8 000.00											

收款：　　　　开票：郭　　　　销货单位：

第二联：发票

附件 44

上海鹏飞塑料制品股份有限公司材料物资入库单
Stock in

年　月　日　　　　　　　　编号 10003
Date　　　　　　　　　　　　No：

交来单位及部门 Department		发票号码或生产单号码 Invoice No.		验收仓库 Receipt Warehouse		
名称及规格 Name and Specification	单位 Unit	数量 Quantity		实际价格 Actural Price			
		交库 Delivered	实收 Received	单价 Price	金额 Amount	运杂费 Freight	合计 Total
合　计 Total							

三、记账联

附件 45

中国工商银行进账单(回单或收账通知) 1

委托日期 年 月 日 码第 号

收款单位	全 称	上海鹏飞塑料制品股份有限公司	汇款单位	全 称	中国工商银行山东省分行济南支行	
	账 号	888888		账 号	332255	
	开户银行	工行上海市分行杨浦支行		开户银行		行 号

人民币（大写）		千	百	十	万	千	百	十	元	角	分
贰仟元整					¥	2	0	0	0	0	0

票据种类			中国工商银行上海市分行 杨浦支行 转讫
票据张数		凭证号码	收款人开户行盖章
单位主管 会计 复核 记账			

单位 会计 复核 记账 付款人 开户银行盖章 月 日

附件 46

中国工商银行进账单(回单或收账通知) 1

委托日期 年 月 日 码第 号

收款单位	全 称	上海鹏飞塑料制品股份有限公司	汇款单位	全 称	上海永安公司	
	账 号	888888		账 号	212121	
	开户银行	工行上海市分行杨浦支行		开户银行	工行上海市分行杨浦支行	行 号

人民币（大写）		千	百	十	万	千	百	十	元	角	分
壹万捌仟元整				¥	1	8	0	0	0	0	0

票据种类			中国工商银行上海市分行 杨浦支行 转讫
票据张数		凭证号码	收款人开户行盖章
单位主管 会计 复核 记账			

单位 会计 复核 记账 付款人 开户银行盖章 月 日

附件 47

上海市商业发票

发票联

全国统一发票监制章 上海市(12) 地方税务局监制

购货单位:上海鹏飞塑料制品股份有限公司　　　　年　月　日

商品名称	规格	单位	数量	单价	金额						
					万	千	百	十	元	角	分
宣传画		套	10	20		¥	2	0	0	0	0
合计人民币(大写) ×万 ×仟 贰佰 ×拾 ×元 ×角 ×分 ¥200.00											

第二联:发票

上海市新新百货公司 发票专用章

单位(盖章)略　　收款:　　开票:陈

附件 48

仓库:________
Warehouse:

上海鹏飞塑料制品股份有限公司

Shanghai Pengfei Co.

材料、物资盘点盈亏报告表

Inventory-taking Sheet

年　季度
Year　Quarter

类别:________
Classification:

年　月　日 共　页 第　页
Date　Gen.　No.

品名及规格 Name & Specification	单位 Unit	财务科账存 Quantity on Account	实存数 Real Quantity			单价 Price	盘盈 Income on Disposal									盘亏 Loss on Disposal									仓库账实 Account/Real	
			盘存	加:预发货 减:待提货	实物应存		数量	金额								数量	金额								盘盈数	盘亏数
								十	万	千	百	十	元	角	分		十	万	千	百	十	元	角	分		

财务科长 李弘达　产成品会计 游德立　供销科长　保管人员　填表人 李 红
CFO　Inventory Accountant　Chief of Supplier Section　Keeping　Prepared

★提示:未抵扣过进项税额的固定资产、在发生盘亏时,无需做“进项税额转出”的会计处理。

附件 49

上海市增值税专用发票

×××××××××× No:

开票日期： 年 月 日

购买方	名 称:上海鹏飞塑料制品股份有限公司 纳税人识别号:310115123456789 地 址 、电 话:上海市文达路 100 号(69786520) 开户行及账号:工行上海市分行杨浦支行 888888				密码区		
货物或应税劳务、服务名称	规格型号	单 位	数 量	单 价	金 额	税 率	税额
聚氯乙烯		千克	1 000	100.00	100 000.00	17%	17 000.00
合 计					¥100 000.00		¥17 000.00
价税合计(大写)	壹拾壹万柒仟元整		(小写)¥117 000.00				
销售方	名 称:上海光明有限公司 纳税人识别号:310112012343678 地 址 、电 话:上海市长春路 315 号(62876250) 开户行及账号:市工行 122333				备注	上海光明有限公司 发票专用章	

收款人：黄春　　复核：赵庆　　开票人：刘玫　　销售方(章)

税总函〔20××〕××号××××公司

第二联：抵扣联 购买方扣税凭证

附件 50

上海市增值税专用发票

×××××××××× No:

开票日期： 年 月 日

购买方	名 称:上海鹏飞塑料制品股份有限公司 纳税人识别号:310115123456789 地 址 、电 话:上海市文达路 100 号(69786520) 开户行及账号:工行上海市分行杨浦支行 888888				密码区		
货物或应税劳务、服务名称	规格型号	单 位	数 量	单 价	金 额	税 率	税额
聚氯乙烯		千克	1 000	100.00	100 000.00	17%	17 000.00
合 计					¥100 000.00		¥17 000.00
价税合计(大写)	壹拾壹万柒仟元整		(小写)¥117 000.00				
销售方	名 称:上海光明有限公司 纳税人识别号:310112012346678 地 址 、电 话:上海市长春路 315 号(62876250) 开户行及账号:市工行 122333				备注	上海光明有限公司 发票专用章	

收款人：黄春　　复核：赵庆　　开票人：刘玫　　销售方(章)

税总函〔20××〕××号××××公司

第三联：发票联 购买方记账凭证

附件 51

上海鹏飞塑料制品股份有限公司材料物资入库单
Shanghai Pengfei Co.Stock in

年　　月　　日　　　　　　　　编号 10004
Date　　　　　　　　　　　　　No：

交来单位及部门 Dept.of Supplier		发票号码或生产单号码 Invoice No.			验收仓库 Accepted Warehouse		
名称及规格 Name and Specification	单位 Unit	数量 Quantity		实际价格 Actural Pvice			
		交库 Deliveried	实收 Collected	单价 Price	金额 Amount	运杂费 Freight	合计 Total
合　计 Total							

三、记账联

附件 52

上海鹏飞塑料制品股份有限公司固定资产验收单

年　　月　　日制

名称及规格 Name or Classification	单位 Unit	数量 Quantity	原账面价 Total Amount									总值中的安装费 Installation Cost								使用年限 Useful Life	预计残值 Salvage Value							存放地点 Location
			百	十	万	千	百	十	元	角	分	十	万	千	百	十	元	角	分		万	千	百	十	元	角	分	
电脑服务器	台	1																										

来源 Source		评估确认价 Estimated Price		对方单位名称 Name of Supplier	

验收部门 Dept.of Checking　　验收人 Checker　　承办部门负责人 Chief of Undertaker　　制单 Prepared

★提示：按最新增值税政策规定，光明公司在投资输出电脑服务器时，需按照视同销售计算缴纳增值税。此处为简化操作，可予忽略，不予考虑此项税额。

附件 53

关于本月盘点盈亏情况的处理意见

各有关部门：

经盘点，本月出现盈亏。经厂务会议研究特作如下处理：

① 毁损机器损失作营业外支出。

② 原材料盘盈转入管理费用。

③ 振兴公司欠款拖欠不还，作坏账处理。

特此通知

厂长办公室

附件 54

中国工商银行上海市分行转账支票（第四联）

签发日期　　年　　月　　日　　字　　号

付款人	全　称	富华公司			收款人	全　称	上海鹏飞塑料制品股份有限公司		
	开户银行	工行青山分理处	账号	21212		开户银行	杨浦支行	账号	888888

人民币（大写）	千	百	十	万	千	百	十	元	角	分
贰万元整			¥	2	0	0	0	0	0	0

用途：贷款		
银行对账凭证 不作发货依据	收款人会计分录： 会计　　复核　　记账	上列款项，已委托开户银行划转收款单位账号。 （银行盖章）

中国工商银行上海市分行 杨浦支行 转讫

此联银行盖章后作收账通知交收款人

附件 55

中国工商银行 存款 利息传票

打印日期 年 月 日

收款单位	账 号	888888	付款单位	账 号	963578
	户 名	上海鹏飞塑料制品股份有限公司		账 号	上海市工商银行营业部
	开户银行	杨浦支行		开户银行	市工行营业部
积数： 利率 % 利息			2 000.00 元		
________户第 季度利息			TH-XWP 科目________ 对方科目________		

代收款通知书

中国工商银行上海市分行 杨浦支行 转讫

附件 56

全国统一发票监制章 上海市 地方税务局监制

上海市商业发票

发 票 联

购货单位：上海鹏飞塑料制品股份有限公司　　　　年 月 日

商品名称	规 格	单 位	数 量	单 价	金额 万	千	百	十	元	角	分
证 书		套	5	40		¥	2	0	0	0	0
合计人民币(大写) ×万 ×仟 贰佰 ×拾 ×元 ×角 ×分 ¥200.00											

第二联：发票

上海市新新百货公司 发票专用章

单位(盖章)略　　收款：　　开票：陈　　销货单位：

附件 57

上海鹏飞塑料制品股份有限公司材料物资入库单
Shanghai Pengfei Co.Stock in

年 月 日 编号 10006
Date No:

交来单位及部门 Dept.of Supplier		发票号码或生产单号码 Invoice No.		验收仓库 Accepted Warehouse			
名称及规格 Name and Specification	单位 Unit	数量 Quantity		实际价格 Actural Pvice			
		交库 Deliveried	实收 Collected	单价 Price	金额 Amount	运杂费 Freight	合计 Total
合 计 Total							

三、记账联

记账 游德立 Entered　　验收 张 华 Checker　　缴库 张 华 Pay into Treasury

附件 58

中国工商银行 借款 利息传票

年 月 日

收款单位			付款单位		
收款单位	账 号	963578	付款单位	账 号	888888
收款单位	户 名	上海市工商银行营业部	付款单位	账 号	上海鹏飞塑料制品股份有限公司
收款单位			付款单位	开户银行	工商银行上海分行杨浦支行
积数： 利率 %			利息 13 000.00 元		
______户第 季度利息			科目______ 对方科目______		

中国工商银行上海市分行 杨浦支行 转讫

代收款通知书

附件 59

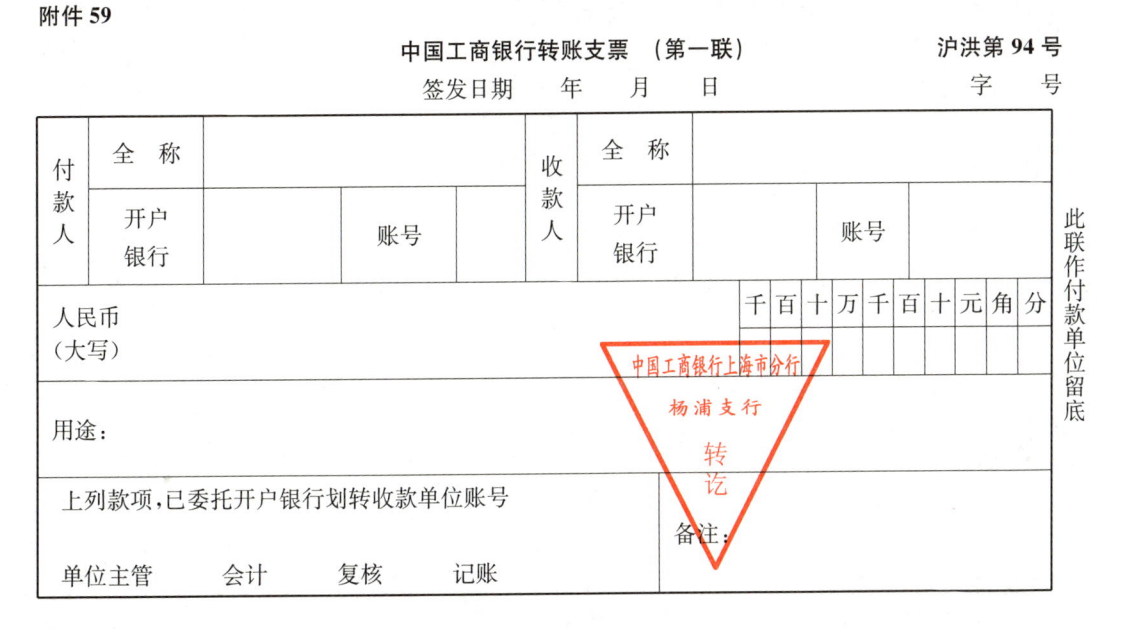

中国工商银行转账支票　（第一联）　　　　**沪洪第 94 号**

签发日期　年　月　日　　　　字　号

付款人	全　称			收款人	全　称		
	开户银行		账号		开户银行		账号

人民币（大写）	千	百	十	万	千	百	十	元	角	分

用途：	
上列款项，已委托开户银行划转收款单位账号 单位主管　会计　复核　记账	备注：

中国工商银行上海市分行
杨浦支行
转讫

此联作付款单位留底

附件 60

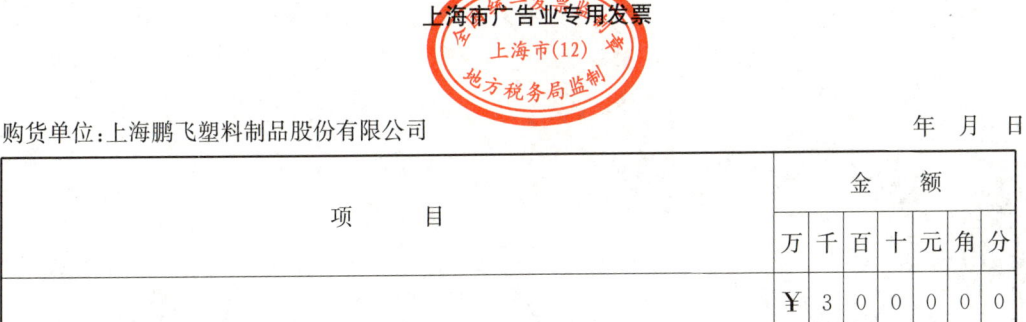

上海市广告业专用发票

全国统一发票监制章
上海市(12)
地方税务局监制

购货单位：上海鹏飞塑料制品股份有限公司　　　　年　月　日

项　目	金额 万	千	百	十	元	角	分
广告费	¥	3	0	0	0	0	0
合计人民币（大写）×万　叁仟　×佰　×拾　×元　×角　×分　¥3 000.00							

上海市蓝天电视台
发票专用章

第二联：发票

单位（盖章）：　　收款：　　开票：李

★提示：上面市级增值税改革试点地区的广告业纳税人，符合条件的可以申请成为增值税一般纳税人，税率为 6%；小规模纳税人开具的普通发票，不能抵扣。

实验三　填制与审核记账凭证

一、实验目的

通过本实验使学生掌握记账凭证填制方法及审核方法。

二、实验要求

(1)根据实验二填制和审核的原始凭证编制记账凭证(Voucher);

(2)直接根据业务26和业务33所设定的错误会计分录填制记账凭证(为后续差错更正提供资料)。

三、实验指导

会计人员根据审核无误的原始凭证填制记账凭证。记账凭证的内容必须具备:填制凭证的日期;凭证编号;经济业务摘要;会计科目;金额;所附原始凭证张数;填制凭证人员、稽核人员、记账人员、会计机构负责人、会计主管人员签名或盖章。收款和付款记账凭证,还应当由出纳人员签名或盖章。

编制的具体要求有以下几个方面:

(一)填制凭证的日期

填制凭证的日期一般是会计人员填制记账凭证的当天日期,也可以根据管理需要填写经济业务发生日期或周末日期。收付款业务应是货币资金收付的实际日期;报销差旅费的记账凭证日期填写报销当日的日期;银行收款业务应写财会部门收到银行对账单的日期;银行付款业务的日期,应按财会部门开出银行付款单据的日期或承付日期;属于计提和分配费用等转账业务,应以当月最后的日期填写。

(二)凭证的编号

填制记账凭证时,应当对记账凭证进行连续编号,不得跳号和重号。编号时,可以按现收、现付、银付、转账凭证分别连续编号,也可以不分收款凭证、付款凭证、转账凭证的类别统一编号。如果一笔经济业务需要填制两张以上记账凭证时,可采用分数编号法编号。例如,第三笔经济业务需要填制两张记账凭证时,则其中第一张凭证编号为3－1/2、第二张凭证编号为3－2/2。数的整数部分为总号,表示经济业务的顺序,其分数部分为分号,其中分母表示该业务共有两张记账凭证,分子表示两张的第一张或第二张。

(三)会计科目的填写

企业必须按照会计制度统一规定的会计科目,应用借贷记账法填写分录,一张凭证一般只填写一笔分录。

(四)摘要(Explanation)的填写

摘要是对经济业务的简单说明,填写时既要简明扼要,又要说明问题。实际工作摘要栏的填写有很大的随意性,但不同的业务应抓住重点进行摘要。例如,现金业务应着重写明现款收、付的对象和事由,银行转账结算业务应着重写明结算方式、结算凭证号码、发生结算业务的对象及内容;更正错账或调整转账等,要写明原账的日期和凭证编号,以及更正或调整的原因。

(五)金额的填写

1. 阿拉伯数字应当一个一个地写,不得连笔写。阿拉伯数字金额前面应当书写货币币种符号。币种符号与阿拉伯数字金额之间不得留有空白。凡阿拉伯数字前写有币种符号的,数字后面不再写货币单位。

2. 所有以元为单位的阿拉伯数字,除表示单价等情况外,一律填写到角、分;无角、分的,角位和分位可写“00”,或者符号“—”;有角无分的,分位应当写“0”,不得用符号“—”代替。

3. 汉字大写数字金额,如零、壹、贰、叁、肆、伍、陆、柒、捌、玖、拾、佰、仟、万、亿等,一律用正楷或行书体书写,不得用0、一、二、三、四、五、六、七、八、九、十等简化字代替,不得任意自造简化字。大写金额数字到元或者角为止的,在“元”或者“角”字之后应当写“整”字或者“正”字;大写金额数字有分的,分字后面不写“整”或者“正”字。

4. 大写金额数字前未印有货币名称的,应当加填货币名称,货币名称与金额数字之间不得留有空白。

5. 阿拉伯数字金额中间有“0”时,汉字大写金额要写“零”字;阿拉伯数字金额中间连续有几个“0”时,汉字大写金额中可以只写一个“零”字;阿拉伯数字金额元位是“0”,或者数字中间连续有几个“0”、元位也是“0”但角位不是“0”时,汉字大写金额可以只写一个“零”字,也可以不写“零”字。

6. 记账凭证填制完经济业务事项后,如有空行,应当自金额栏最后一笔数字下的空行处至合计数上的空行处划线注销。

(六)附件的处理

除结账和更正错误的记账凭证可以不附原始凭证外,其他记账凭证必须附有原始凭证。

如果一张原始凭证涉及几张记账凭证,可以把原始凭证附在一张主要的记账凭证后面,并在其他记账凭证上注明附有该原始凭证的记账凭证的编号或者附原始凭证复印件。

填制记账凭证时,凡是应附的原始凭证,都应附在记账凭证的后面。最好先用大头针别上,不要将两者直接粘贴在一起,以利凭证的装订。记账凭证上要注明附件张数,并与所附凭证张数相符。凡所附凭证面积大于记账凭证的部分,要按记账凭证的面积折叠整齐,以利保管。

记账凭证填制完经济业务事项后,如有空行,应当自金额栏最后一笔金额数字下的空行处至合计数上的空行处划线注销。

填制会计凭证,字迹必须清晰、工整。

记账凭证是登记账簿的直接依据,为了保证账簿记录的正确性,以及整个会计信息的质量,记账前必须由专人对已填制的记账凭证进行认真严格的审核。审核的内容主要包括:

(1)审核记账凭证是否附有原始凭证,所附原始凭证的张数与记账凭证所列附件张数是否相符;记账凭证所反映的经济业务内容、金额与所附原始凭证的内容和金额是否相符。

(2)审核记账凭证中应借应贷的会计科目对应关系是否清晰,借贷金额是否正确,借贷是否平衡。

(3)审核记账凭证中有关项目的填写是否清楚、完整,有关人员的签章是否齐全。

记账凭证要严格审核无误后,才能登记入账。如在审核后发现错误,应及时查明原因,按规定的方法更正,再审核无误后才能据以记账。

(七)记账凭证必须有签章,以明确经济责任

制单人员、审核人员、记账人员和会计主管必须在记账凭证上签章。出纳人员根据收款凭证收款或根据付款凭证付款时，均需在凭证上加盖“收讫”或“付讫”的戳记，以免重收重付，防止差错。

四、实验材料

实验一完成的会计分录。
实验二填制和审核的原始凭证。
业务 26 和业务 33 所设定的错误会计分录。
空白记账凭证。
空白科目汇总表。

记　账　凭　证

(Voucher)

年　月　日　　　　总字　　号

Date　　　　Code

记字　　号

摘要 Abstract	会计科目 Accounting Title		借方金额 Debit Column									贷方金额 Credit Column									记账 Posting
	总账科目 General Account	明细科目 Subsidiary Account	百	十	万	千	百	十	元	角	分	百	十	万	千	百	十	元	角	分	
合计金额 Sum																					

附件　张

会计主管：　记账：　稽核：　出纳：　制单：

Manager:　Bookkeeper:　Auditor:　Cashier:　Maker:

记　账　凭　证

(Voucher)

年　月　日　　　　总字　　号

Date　　　　Code

记字　　号

摘要 Abstract	会计科目 Accounting Title		借方金额 Debit Column									贷方金额 Credit Column									记账 Posting
	总账科目 General Account	明细科目 Subsidiary Account	百	十	万	千	百	十	元	角	分	百	十	万	千	百	十	元	角	分	
合计金额 Sum																					

附件　张

会计主管：　记账：　稽核：　出纳：　制单：

Manager:　Bookkeeper:　Auditor:　Cashier:　Maker:

记 账 凭 证

(Voucher)

年 月 日

Date

总字 号

Code

记字 号

摘要 Abstract	会计科目 Accounting Title		借方金额 Debit Column									贷方金额 Credit Column									记账 Posting
	总账科目 General Account	明细科目 Subsidiary Account	百	十	万	千	百	十	元	角	分	百	十	万	千	百	十	元	角	分	
合 计 金 额 Sum																					

附件 张

会计主管：Manager： 记账：Bookkeeper： 稽核：Auditor： 出纳：Cashier： 制单：Maker：

记 账 凭 证

(Voucher)

年 月 日

Date

总字 号

Code

记字 号

摘要 Abstract	会计科目 Accounting Title		借方金额 Debit Column									贷方金额 Credit Column									记账 Posting
	总账科目 General Account	明细科目 Subsidiary Account	百	十	万	千	百	十	元	角	分	百	十	万	千	百	十	元	角	分	
合 计 金 额 Sum																					

附件 张

会计主管：Manager： 记账：Bookkeeper： 稽核：Auditor： 出纳：Cashier： 制单：Maker：

记 账 凭 证

(Voucher)

年 月 日
Date

总字 号
Code
记字 号

摘要 Abstract	会计科目 Accounting Title		借方金额 Debit Column									贷方金额 Credit Column									记账 Posting
	总账科目 General Account	明细科目 Subsidiary Account	百	十	万	千	百	十	元	角	分	百	十	万	千	百	十	元	角	分	
合 计 金 额 Sum																					

附件 张

会计主管：Manager： 记账：Bookkeeper： 稽核：Auditor： 出纳：Cashier： 制单：Maker：

记 账 凭 证

(Voucher)

年 月 日
Date

总字 号
Code
记字 号

摘要 Abstract	会计科目 Accounting Title		借方金额 Debit Column									贷方金额 Credit Column									记账 Posting
	总账科目 General Account	明细科目 Subsidiary Account	百	十	万	千	百	十	元	角	分	百	十	万	千	百	十	元	角	分	
合 计 金 额 Sum																					

附件 张

会计主管：Manager： 记账：Bookkeeper： 稽核：Auditor： 出纳：Cashier： 制单：Maker：

记 账 凭 证

(Voucher)

年 月 日

Date

总字 号

Code

记字 号

摘要 Abstract	会计科目 Accounting Title		借方金额 Debit Column									贷方金额 Credit Column									记账 Posting
	总账科目 General Account	明细科目 Subsidiary Account	百	十	万	千	百	十	元	角	分	百	十	万	千	百	十	元	角	分	
合 计 金 额 Sum																					

附件 张

会计主管: Manager: 记账: Bookkeeper: 稽核: Auditor: 出纳: Cashier: 制单: Maker:

记 账 凭 证

(Voucher)

年 月 日

Date

总字 号

Code

记字 号

摘要 Abstract	会计科目 Accounting Title		借方金额 Debit Column									贷方金额 Credit Column									记账 Posting
	总账科目 General Account	明细科目 Subsidiary Account	百	十	万	千	百	十	元	角	分	百	十	万	千	百	十	元	角	分	
合 计 金 额 Sum																					

附件 张

会计主管: Manager: 记账: Bookkeeper: 稽核: Auditor: 出纳: Cashier: 制单: Maker:

记 账 凭 证

(Voucher)

年 月 日

Date

总字 号

Code

记字 号

摘要 Abstract	会计科目 Accounting Title		借方金额 Debit Column									贷方金额 Credit Column									记账 Posting
	总账科目 General Account	明细科目 Subsidiary Account	百	十	万	千	百	十	元	角	分	百	十	万	千	百	十	元	角	分	
合 计 金 额 Sum																					

附件 张

会计主管：Manager： 记账：Bookkeeper： 稽核：Auditor： 出纳：Cashier： 制单：Maker：

记 账 凭 证

(Voucher)

年 月 日

Date

总字 号

Code

记字 号

摘要 Abstract	会计科目 Accounting Title		借方金额 Debit Column									贷方金额 Credit Column									记账 Posting
	总账科目 General Account	明细科目 Subsidiary Account	百	十	万	千	百	十	元	角	分	百	十	万	千	百	十	元	角	分	
合 计 金 额 Sum																					

附件 张

会计主管：Manager： 记账：Bookkeeper： 稽核：Auditor： 出纳：Cashier： 制单：Maker：

记 账 凭 证

(Voucher)

年 月 日

Date

总字 号

Code

记字 号

摘要 Abstract	会计科目 Accounting Title		借方金额 Debit Column									贷方金额 Credit Column									记账 Posting
	总账科目 General Account	明细科目 Subsidiary Account	百	十	万	千	百	十	元	角	分	百	十	万	千	百	十	元	角	分	
合计金额 Sum																					

附件 张

会计主管：Manager：　记账：Bookkeeper：　稽核：Auditor：　出纳：Cashier：　制单：Maker：

记 账 凭 证

(Voucher)

年 月 日

Date

总字 号

Code

记字 号

摘要 Abstract	会计科目 Accounting Title		借方金额 Debit Column									贷方金额 Credit Column									记账 Posting
	总账科目 General Account	明细科目 Subsidiary Account	百	十	万	千	百	十	元	角	分	百	十	万	千	百	十	元	角	分	
合计金额 Sum																					

附件 张

会计主管：Manager：　记账：Bookkeeper：　稽核：Auditor：　出纳：Cashier：　制单：Maker：

记 账 凭 证

(Voucher)

年 月 日

Date

总字 号

Code

记字 号

摘要 Abstract	会计科目 Accounting Title		借方金额 Debit Column									贷方金额 Credit Column									记账 Posting
	总账科目 General Account	明细科目 Subsidiary Account	百	十	万	千	百	十	元	角	分	百	十	万	千	百	十	元	角	分	
合计金额 Sum																					

附件 张

会计主管： Manager： 记账： Bookkeeper： 稽核： Auditor： 出纳： Cashier： 制单： Maker：

记 账 凭 证

(Voucher)

年 月 日

Date

总字 号

Code

记字 号

摘要 Abstract	会计科目 Accounting Title		借方金额 Debit Column									贷方金额 Credit Column									记账 Posting
	总账科目 General Account	明细科目 Subsidiary Account	百	十	万	千	百	十	元	角	分	百	十	万	千	百	十	元	角	分	
合计金额 Sum																					

附件 张

会计主管： Manager： 记账： Bookkeeper： 稽核： Auditor： 出纳： Cashier： 制单： Maker：

记 账 凭 证

(Voucher)

年 月 日

Date

总字 号

Code

记字 号

摘要 Abstract	会计科目 Accounting Title		借方金额 Debit Column									贷方金额 Credit Column									记账 Posting
	总账科目 General Account	明细科目 Subsidiary Account	百	十	万	千	百	十	元	角	分	百	十	万	千	百	十	元	角	分	
合计金额 Sum																					

附件 张

会计主管：Manager： 记账：Bookkeeper： 稽核：Auditor： 出纳：Cashier： 制单：Maker：

记 账 凭 证

(Voucher)

年 月 日

Date

总字 号

Code

记字 号

摘要 Abstract	会计科目 Accounting Title		借方金额 Debit Column									贷方金额 Credit Column									记账 Posting
	总账科目 General Account	明细科目 Subsidiary Account	百	十	万	千	百	十	元	角	分	百	十	万	千	百	十	元	角	分	
合计金额 Sum																					

附件 张

会计主管：Manager： 记账：Bookkeeper： 稽核：Auditor： 出纳：Cashier： 制单：Maker：

记 账 凭 证

(Voucher)

年 月 日

Date

总字 号

Code

记字 号

摘要 Abstract	会计科目 Accounting Title		借方金额 Debit Column									贷方金额 Credit Column									记账 Posting
	总账科目 General Account	明细科目 Subsidiary Account	百	十	万	千	百	十	元	角	分	百	十	万	千	百	十	元	角	分	
合 计 金 额 Sum																					

附件 张

会计主管：Manager： 记账：Bookkeeper： 稽核：Auditor： 出纳：Cashier： 制单：Maker：

记 账 凭 证

(Voucher)

年 月 日

Date

总字 号

Code

记字 号

摘要 Abstract	会计科目 Accounting Title		借方金额 Debit Column									贷方金额 Credit Column									记账 Posting
	总账科目 General Account	明细科目 Subsidiary Account	百	十	万	千	百	十	元	角	分	百	十	万	千	百	十	元	角	分	
合 计 金 额 Sum																					

附件 张

会计主管：Manager： 记账：Bookkeeper： 稽核：Auditor： 出纳：Cashier： 制单：Maker：

记 账 凭 证

(Voucher)

年 月 日

Date

总字 号

Code

记字 号

摘要 Abstract	会计科目 Accounting Title		借方金额 Debit Column									贷方金额 Credit Column									记账 Posting
	总账科目 General Account	明细科目 Subsidiary Account	百	十	万	千	百	十	元	角	分	百	十	万	千	百	十	元	角	分	
合 计 金 额 Sum																					

附件 张

会计主管：Manager： 记账：Bookkeeper： 稽核：Auditor： 出纳：Cashier： 制单：Maker：

记 账 凭 证

(Voucher)

年 月 日

Date

总字 号

Code

记字 号

摘要 Abstract	会计科目 Accounting Title		借方金额 Debit Column									贷方金额 Credit Column									记账 Posting
	总账科目 General Account	明细科目 Subsidiary Account	百	十	万	千	百	十	元	角	分	百	十	万	千	百	十	元	角	分	
合 计 金 额 Sum																					

附件 张

会计主管：Manager： 记账：Bookkeeper： 稽核：Auditor： 出纳：Cashier： 制单：Maker：

记 账 凭 证

(Voucher)

年 月 日

Date

总字 号

Code

记字 号

摘要 Abstract	会计科目 Accounting Title		借方金额 Debit Column									贷方金额 Credit Column									记账 Posting
	总账科目 General Account	明细科目 Subsidiary Account	百	十	万	千	百	十	元	角	分	百	十	万	千	百	十	元	角	分	
合计金额 Sum																					

附件 张

会计主管：Manager： 记账：Bookkeeper： 稽核：Auditor： 出纳：Cashier： 制单：Maker：

记 账 凭 证

(Voucher)

年 月 日

Date

总字 号

Code

记字 号

摘要 Abstract	会计科目 Accounting Title		借方金额 Debit Column									贷方金额 Credit Column									记账 Posting
	总账科目 General Account	明细科目 Subsidiary Account	百	十	万	千	百	十	元	角	分	百	十	万	千	百	十	元	角	分	
合计金额 Sum																					

附件 张

会计主管：Manager： 记账：Bookkeeper： 稽核：Auditor： 出纳：Cashier： 制单：Maker：

记 账 凭 证

(Voucher)

年 月 日

Date

总字 号

Code

记字 号

摘要 Abstract	会计科目 Accounting Title		借方金额 Debit Column									贷方金额 Credit Column									记账 Posting
	总账科目 General Account	明细科目 Subsidiary Account	百	十	万	千	百	十	元	角	分	百	十	万	千	百	十	元	角	分	
合计金额 Sum																					

附件 张

会计主管：Manager： 记账：Bookkeeper： 稽核：Auditor： 出纳：Cashier： 制单：Maker：

记 账 凭 证

(Voucher)

年 月 日

Date

总字 号

Code

记字 号

摘要 Abstract	会计科目 Accounting Title		借方金额 Debit Column									贷方金额 Credit Column									记账 Posting
	总账科目 General Account	明细科目 Subsidiary Account	百	十	万	千	百	十	元	角	分	百	十	万	千	百	十	元	角	分	
合计金额 Sum																					

附件 张

会计主管：Manager： 记账：Bookkeeper： 稽核：Auditor： 出纳：Cashier： 制单：Maker：

记 账 凭 证

(Voucher)

年 月 日

Date

总字 号

Code

记字 号

摘要 Abstract	会计科目 Accounting Title		借方金额 Debit Column									贷方金额 Credit Column									记账 Posting
	总账科目 General Account	明细科目 Subsidiary Account	百	十	万	千	百	十	元	角	分	百	十	万	千	百	十	元	角	分	
合 计 金 额 Sum																					

附件 张

会计主管：Manager：　记账：Bookkeeper：　稽核：Auditor：　出纳：Cashier：　制单：Maker：

记 账 凭 证

(Voucher)

年 月 日

Date

总字 号

Code

记字 号

摘要 Abstract	会计科目 Accounting Title		借方金额 Debit Column									贷方金额 Credit Column									记账 Posting
	总账科目 General Account	明细科目 Subsidiary Account	百	十	万	千	百	十	元	角	分	百	十	万	千	百	十	元	角	分	
合 计 金 额 Sum																					

附件 张

会计主管：Manager：　记账：Bookkeeper：　稽核：Auditor：　出纳：Cashier：　制单：Maker：

记　账　凭　证

(Voucher)　　　　总字　　号

年　月　日　　　　Code

Date　　　　记字　　号

摘要 Abstract	会计科目 Accounting Title		借方金额 Debit Column									贷方金额 Credit Column									记账 Posting
	总账科目 General Account	明细科目 Subsidiary Account	百	十	万	千	百	十	元	角	分	百	十	万	千	百	十	元	角	分	
合计金额 Sum																					

附件　张

会计主管：　记账：　稽核：　出纳：　制单：

Manager：　Bookkeeper：　Auditor：　Cashier：　Maker：

记　账　凭　证

(Voucher)　　　　总字　　号

年　月　日　　　　Code

Date　　　　记字　　号

摘要 Abstract	会计科目 Accounting Title		借方金额 Debit Column									贷方金额 Credit Column									记账 Posting
	总账科目 General Account	明细科目 Subsidiary Account	百	十	万	千	百	十	元	角	分	百	十	万	千	百	十	元	角	分	
合计金额 Sum																					

附件　张

会计主管：　记账：　稽核：　出纳：　制单：

Manager：　Bookkeeper：　Auditor：　Cashier：　Maker：

记 账 凭 证

(Voucher)

年 月 日

Date

总字 号

Code

记字 号

摘要 Abstract	会计科目 Accounting Title		借方金额 Debit Column									贷方金额 Credit Column									记账 Posting
	总账科目 General Account	明细科目 Subsidiary Account	百	十	万	千	百	十	元	角	分	百	十	万	千	百	十	元	角	分	
合计金额 Sum																					

附件 张

会计主管：Manager： 记账：Bookkeeper： 稽核：Auditor： 出纳：Cashier： 制单：Maker：

记 账 凭 证

(Voucher)

年 月 日

Date

总字 号

Code

记字 号

摘要 Abstract	会计科目 Accounting Title		借方金额 Debit Column									贷方金额 Credit Column									记账 Posting
	总账科目 General Account	明细科目 Subsidiary Account	百	十	万	千	百	十	元	角	分	百	十	万	千	百	十	元	角	分	
合计金额 Sum																					

附件 张

会计主管：Manager： 记账：Bookkeeper： 稽核：Auditor： 出纳：Cashier： 制单：Maker：

记 账 凭 证

(Voucher)

年 月 日 　　　　　　总字 号

Date 　　　　　　Code

　　　　　　记字 号

摘要 Abstract	会计科目 Accounting Title		借方金额 Debit Column									贷方金额 Credit Column									记账 Posting
	总账科目 General Account	明细科目 Subsidiary Account	百	十	万	千	百	十	元	角	分	百	十	万	千	百	十	元	角	分	
合计金额 Sum																					

附件 张

会计主管：Manager：　记账：Bookkeeper：　稽核：Auditor：　出纳：Cashier：　制单：Maker：

记 账 凭 证

(Voucher)

年 月 日 　　　　　　总字 号

Date 　　　　　　Code

　　　　　　记字 号

摘要 Abstract	会计科目 Accounting Title		借方金额 Debit Column									贷方金额 Credit Column									记账 Posting
	总账科目 General Account	明细科目 Subsidiary Account	百	十	万	千	百	十	元	角	分	百	十	万	千	百	十	元	角	分	
合计金额 Sum																					

附件 张

会计主管：Manager：　记账：Bookkeeper：　稽核：Auditor：　出纳：Cashier：　制单：Maker：

记 账 凭 证

(Voucher)

年 月 日

Date

总字 号

Code

记字 号

摘要 Abstract	会计科目 Accounting Title		借方金额 Debit Column									贷方金额 Credit Column									记账 Posting
	总账科目 General Account	明细科目 Subsidiary Account	百	十	万	千	百	十	元	角	分	百	十	万	千	百	十	元	角	分	
合 计 金 额 Sum																					

附件 张

会计主管： Manager： 记账： Bookkeeper： 稽核： Auditor： 出纳： Cashier： 制单： Maker：

记 账 凭 证

(Voucher)

年 月 日

Date

总字 号

Code

记字 号

摘要 Abstract	会计科目 Accounting Title		借方金额 Debit Column									贷方金额 Credit Column									记账 Posting
	总账科目 General Account	明细科目 Subsidiary Account	百	十	万	千	百	十	元	角	分	百	十	万	千	百	十	元	角	分	
合 计 金 额 Sum																					

附件 张

会计主管： Manager： 记账： Bookkeeper： 稽核： Auditor： 出纳： Cashier： 制单： Maker：

记 账 凭 证

(Voucher)

年 月 日

Date

总字 号

Code

记字 号

摘要 Abstract	会计科目 Accounting Title		借方金额 Debit Column									贷方金额 Credit Column									记账 Posting
	总账科目 General Account	明细科目 Subsidiary Account	百	十	万	千	百	十	元	角	分	百	十	万	千	百	十	元	角	分	
合 计 金 额 Sum																					

附件 张

会计主管：Manager： 记账：Bookkeeper： 稽核：Auditor： 出纳：Cashier： 制单：Maker：

记 账 凭 证

(Voucher)

年 月 日

Date

总字 号

Code

记字 号

摘要 Abstract	会计科目 Accounting Title		借方金额 Debit Column									贷方金额 Credit Column									记账 Posting
	总账科目 General Account	明细科目 Subsidiary Account	百	十	万	千	百	十	元	角	分	百	十	万	千	百	十	元	角	分	
合 计 金 额 Sum																					

附件 张

会计主管：Manager： 记账：Bookkeeper： 稽核：Auditor： 出纳：Cashier： 制单：Maker：

记 账 凭 证

(Voucher)

年 月 日

Date

总字 号

Code

记字 号

摘要 Abstract	会计科目 Accounting Title		借方金额 Debit Column									贷方金额 Credit Column									记账 Posting
	总账科目 General Account	明细科目 Subsidiary Account	百	十	万	千	百	十	元	角	分	百	十	万	千	百	十	元	角	分	
合 计 金 额 Sum																					

附件 张

会计主管：Manager： 记账：Bookkeeper： 稽核：Auditor： 出纳：Cashier： 制单：Maker：

记 账 凭 证

(Voucher)

年 月 日

Date

总字 号

Code

记字 号

摘要 Abstract	会计科目 Accounting Title		借方金额 Debit Column									贷方金额 Credit Column									记账 Posting
	总账科目 General Account	明细科目 Subsidiary Account	百	十	万	千	百	十	元	角	分	百	十	万	千	百	十	元	角	分	
合 计 金 额 Sum																					

附件 张

会计主管：Manager： 记账：Bookkeeper： 稽核：Auditor： 出纳：Cashier： 制单：Maker：

记 账 凭 证

(Voucher)

年 月 日

Date

总字 号

Code

记字 号

摘要 Abstract	会计科目 Accounting Title		借方金额 Debit Column									贷方金额 Credit Column									记账 Posting
	总账科目 General Account	明细科目 Subsidiary Account	百	十	万	千	百	十	元	角	分	百	十	万	千	百	十	元	角	分	
合 计 金 额 Sum																					

附件 张

会计主管：Manager： 记账：Bookkeeper： 稽核：Auditor： 出纳：Cashier： 制单：Maker：

记 账 凭 证

(Voucher)

年 月 日

Date

总字 号

Code

记字 号

摘要 Abstract	会计科目 Accounting Title		借方金额 Debit Column									贷方金额 Credit Column									记账 Posting
	总账科目 General Account	明细科目 Subsidiary Account	百	十	万	千	百	十	元	角	分	百	十	万	千	百	十	元	角	分	
合 计 金 额 Sum																					

附件 张

会计主管：Manager： 记账：Bookkeeper： 稽核：Auditor： 出纳：Cashier： 制单：Maker：

记 账 凭 证

(Voucher)

年 月 日

Date

总字 号

Code

记字 号

摘要 Abstract	会计科目 Accounting Title		借方金额 Debit Column									贷方金额 Credit Column									记账 Posting
	总账科目 General Account	明细科目 Subsidiary Account	百	十	万	千	百	十	元	角	分	百	十	万	千	百	十	元	角	分	
合 计 金 额 Sum																					

附件 张

会计主管：Manager： 记账：Bookkeeper： 稽核：Auditor： 出纳：Cashier： 制单：Maker：

记 账 凭 证

(Voucher)

年 月 日

Date

总字 号

Code

记字 号

摘要 Abstract	会计科目 Accounting Title		借方金额 Debit Column									贷方金额 Credit Column									记账 Posting
	总账科目 General Account	明细科目 Subsidiary Account	百	十	万	千	百	十	元	角	分	百	十	万	千	百	十	元	角	分	
合 计 金 额 Sum																					

附件 张

会计主管：Manager： 记账：Bookkeeper： 稽核：Auditor： 出纳：Cashier： 制单：Maker：

记 账 凭 证

(Voucher)

年 月 日
Date

总字 号
Code
记字 号

摘要 Abstract	会计科目 Accounting Title		借方金额 Debit Column									贷方金额 Credit Column									记账 Posting
	总账科目 General Account	明细科目 Subsidiary Account	百	十	万	千	百	十	元	角	分	百	十	万	千	百	十	元	角	分	
合计金额 Sum																					

附件 张

会计主管：Manager：　记账：Bookkeeper：　稽核：Auditor：　出纳：Cashier：　制单：Maker：

记 账 凭 证

(Voucher)

年 月 日
Date

总字 号
Code
记字 号

摘要 Abstract	会计科目 Accounting Title		借方金额 Debit Column									贷方金额 Credit Column									记账 Posting
	总账科目 General Account	明细科目 Subsidiary Account	百	十	万	千	百	十	元	角	分	百	十	万	千	百	十	元	角	分	
合计金额 Sum																					

附件 张

会计主管：Manager：　记账：Bookkeeper：　稽核：Auditor：　出纳：Cashier：　制单：Maker：

记 账 凭 证

(Voucher)

年 月 日

Date

总字 号

Code

记字 号

摘要 Abstract	会计科目 Accounting Title		借方金额 Debit Column									贷方金额 Credit Column									记账 Posting
	总账科目 General Account	明细科目 Subsidiary Account	百	十	万	千	百	十	元	角	分	百	十	万	千	百	十	元	角	分	
合 计 金 额 Sum																					

附件 张

会计主管：Manager： 记账：Bookkeeper： 稽核：Auditor： 出纳：Cashier： 制单：Maker：

记 账 凭 证

(Voucher)

年 月 日

Date

总字 号

Code

记字 号

摘要 Abstract	会计科目 Accounting Title		借方金额 Debit Column									贷方金额 Credit Column									记账 Posting
	总账科目 General Account	明细科目 Subsidiary Account	百	十	万	千	百	十	元	角	分	百	十	万	千	百	十	元	角	分	
合 计 金 额 Sum																					

附件 张

会计主管：Manager： 记账：Bookkeeper： 稽核：Auditor： 出纳：Cashier： 制单：Maker：

记 账 凭 证

(Voucher)

年 月 日

Date

总字 号

Code

记字 号

摘要 Abstract	会计科目 Accounting Title		借方金额 Debit Column									贷方金额 Credit Column									记账 Posting
	总账科目 General Account	明细科目 Subsidiary Account	百	十	万	千	百	十	元	角	分	百	十	万	千	百	十	元	角	分	
合 计 金 额 Sum																					

附件 张

会计主管: Manager: 记账: Bookkeeper: 稽核: Auditor: 出纳: Cashier: 制单: Maker:

记 账 凭 证

(Voucher)

年 月 日

Date

总字 号

Code

记字 号

摘要 Abstract	会计科目 Accounting Title		借方金额 Debit Column									贷方金额 Credit Column									记账 Posting
	总账科目 General Account	明细科目 Subsidiary Account	百	十	万	千	百	十	元	角	分	百	十	万	千	百	十	元	角	分	
合 计 金 额 Sum																					

附件 张

会计主管: Manager: 记账: Bookkeeper: 稽核: Auditor: 出纳: Cashier: 制单: Maker:

记 账 凭 证

(Voucher)

年 月 日

Date

总字 号

Code

记字 号

摘要 Abstract	会计科目 Accounting Title		借方金额 Debit Column									贷方金额 Credit Column									记账 Posting
	总账科目 General Account	明细科目 Subsidiary Account	百	十	万	千	百	十	元	角	分	百	十	万	千	百	十	元	角	分	
合计金额 Sum																					

附件 张

会计主管：Manager： 记账：Bookkeeper： 稽核：Auditor： 出纳：Cashier： 制单：Maker：

记 账 凭 证

(Voucher)

年 月 日

Date

总字 号

Code

记字 号

摘要 Abstract	会计科目 Accounting Title		借方金额 Debit Column									贷方金额 Credit Column									记账 Posting
	总账科目 General Account	明细科目 Subsidiary Account	百	十	万	千	百	十	元	角	分	百	十	万	千	百	十	元	角	分	
合计金额 Sum																					

附件 张

会计主管：Manager： 记账：Bookkeeper： 稽核：Auditor： 出纳：Cashier： 制单：Maker：

记 账 凭 证

(Voucher)

年 月 日

Date

总字 号

Code

记字 号

摘要 Abstract	会计科目 Accounting Title		借方金额 Debit Column									贷方金额 Credit Column									记账 Posting
	总账科目 General Account	明细科目 Subsidiary Account	百	十	万	千	百	十	元	角	分	百	十	万	千	百	十	元	角	分	
合计金额 Sum																					

附件 张

会计主管：Manager： 记账：Bookkeeper： 稽核：Auditor： 出纳：Cashier： 制单：Maker：

记 账 凭 证

(Voucher)

年 月 日

Date

总字 号

Code

记字 号

摘要 Abstract	会计科目 Accounting Title		借方金额 Debit Column									贷方金额 Credit Column									记账 Posting
	总账科目 General Account	明细科目 Subsidiary Account	百	十	万	千	百	十	元	角	分	百	十	万	千	百	十	元	角	分	
合计金额 Sum																					

附件 张

会计主管：Manager： 记账：Bookkeeper： 稽核：Auditor： 出纳：Cashier： 制单：Maker：

记 账 凭 证

(Voucher)

年 月 日

Date

总字 号

Code

记字 号

摘要 Abstract	会计科目 Accounting Title		借方金额 Debit Column									贷方金额 Credit Column									记账 Posting
	总账科目 General Account	明细科目 Subsidiary Account	百	十	万	千	百	十	元	角	分	百	十	万	千	百	十	元	角	分	
合计金额 Sum																					

附件 张

会计主管： 记账： 稽核： 出纳： 制单：

Manager: Bookkeeper: Auditor: Cashier: Maker:

记 账 凭 证

(Voucher)

年 月 日

Date

总字 号

Code

记字 号

摘要 Abstract	会计科目 Accounting Title		借方金额 Debit Column									贷方金额 Credit Column									记账 Posting
	总账科目 General Account	明细科目 Subsidiary Account	百	十	万	千	百	十	元	角	分	百	十	万	千	百	十	元	角	分	
合计金额 Sum																					

附件 张

会计主管： 记账： 稽核： 出纳： 制单：

Manager: Bookkeeper: Auditor: Cashier: Maker:

记 账 凭 证

(Voucher)

年 月 日 总字 号

Date Code

记字 号

摘要 Abstract	会计科目 Accounting Title		借方金额 Debit Column									贷方金额 Credit Column									记账 Posting
	总账科目 General Account	明细科目 Subsidiary Account	百	十	万	千	百	十	元	角	分	百	十	万	千	百	十	元	角	分	
合计金额 Sum																					

附件 张

会计主管: Manager: 记账: Bookkeeper: 稽核: Auditor: 出纳: Cashier: 制单: Maker:

记 账 凭 证

(Voucher)

年 月 日 总字 号

Date Code

记字 号

摘要 Abstract	会计科目 Accounting Title		借方金额 Debit Column									贷方金额 Credit Column									记账 Posting
	总账科目 General Account	明细科目 Subsidiary Account	百	十	万	千	百	十	元	角	分	百	十	万	千	百	十	元	角	分	
合计金额 Sum																					

附件 张

会计主管: Manager: 记账: Bookkeeper: 稽核: Auditor: 出纳: Cashier: 制单: Maker:

记　账　凭　证

(Voucher)

年　月　日

Date

总字　　号

Code

记字　　号

摘要 Abstract	会计科目 Accounting Title		借方金额 Debit Column									贷方金额 Credit Column									记账 Posting
	总账科目 General Account	明细科目 Subsidiary Account	百	十	万	千	百	十	元	角	分	百	十	万	千	百	十	元	角	分	
合计金额 Sum																					

附件　张

会计主管：Manager：　记账：Bookkeeper：　稽核：Auditor：　出纳：Cashier：　制单：Maker：

记　账　凭　证

(Voucher)

年　月　日

Date

总字　　号

Code

记字　　号

摘要 Abstract	会计科目 Accounting Title		借方金额 Debit Column									贷方金额 Credit Column									记账 Posting
	总账科目 General Account	明细科目 Subsidiary Account	百	十	万	千	百	十	元	角	分	百	十	万	千	百	十	元	角	分	
合计金额 Sum																					

附件　张

会计主管：Manager：　记账：Bookkeeper：　稽核：Auditor：　出纳：Cashier：　制单：Maker：

记 账 凭 证

(Voucher)

年 月 日

Date

总字 号

Code

记字 号

摘要 Abstract	会计科目 Accounting Title		借方金额 Debit Column									贷方金额 Credit Column									记账 Posting
	总账科目 General Account	明细科目 Subsidiary Account	百	十	万	千	百	十	元	角	分	百	十	万	千	百	十	元	角	分	
合计金额 Sum																					

附件 张

会计主管：Manager： 记账：Bookkeeper： 稽核：Auditor： 出纳：Cashier： 制单：Maker：

记 账 凭 证

(Voucher)

年 月 日

Date

总字 号

Code

记字 号

摘要 Abstract	会计科目 Accounting Title		借方金额 Debit Column									贷方金额 Credit Column									记账 Posting
	总账科目 General Account	明细科目 Subsidiary Account	百	十	万	千	百	十	元	角	分	百	十	万	千	百	十	元	角	分	
合计金额 Sum																					

附件 张

会计主管：Manager： 记账：Bookkeeper： 稽核：Auditor： 出纳：Cashier： 制单：Maker：

记 账 凭 证

(Voucher)

年 月 日
Date

总字 号
Code
记字 号

摘要 Abstract	会计科目 Accounting Title		借方金额 Debit Column									贷方金额 Credit Column									记账 Posting
	总账科目 General Account	明细科目 Subsidiary Account	百	十	万	千	百	十	元	角	分	百	十	万	千	百	十	元	角	分	
合计金额 Sum																					

附件 张

会计主管: Manager:　记账: Bookkeeper:　稽核: Auditor:　出纳: Cashier:　制单: Maker:

记 账 凭 证

(Voucher)

年 月 日
Date

总字 号
Code
记字 号

摘要 Abstract	会计科目 Accounting Title		借方金额 Debit Column									贷方金额 Credit Column									记账 Posting
	总账科目 General Account	明细科目 Subsidiary Account	百	十	万	千	百	十	元	角	分	百	十	万	千	百	十	元	角	分	
合计金额 Sum																					

附件 张

会计主管: Manager:　记账: Bookkeeper:　稽核: Auditor:　出纳: Cashier:　制单: Maker:

记 账 凭 证

(Voucher)

年 月 日

Date

总字 号

Code

记字 号

摘要 Abstract	会计科目 Accounting Title		借方金额 Debit Column									贷方金额 Credit Column									记账 Posting
	总账科目 General Account	明细科目 Subsidiary Account	百	十	万	千	百	十	元	角	分	百	十	万	千	百	十	元	角	分	
合 计 金 额 Sum																					

附件 张

会计主管: Manager:　记账: Bookkeeper:　稽核: Auditor:　出纳: Cashier:　制单: Maker:

记 账 凭 证

(Voucher)

年 月 日

Date

总字 号

Code

记字 号

摘要 Abstract	会计科目 Accounting Title		借方金额 Debit Column									贷方金额 Credit Column									记账 Posting
	总账科目 General Account	明细科目 Subsidiary Account	百	十	万	千	百	十	元	角	分	百	十	万	千	百	十	元	角	分	
合 计 金 额 Sum																					

附件 张

会计主管: Manager:　记账: Bookkeeper:　稽核: Auditor:　出纳: Cashier:　制单: Maker:

记 账 凭 证

(Voucher)

年 月 日

Date

总字 号

Code

记字 号

摘要 Abstract	会计科目 Accounting Title		借方金额 Debit Column									贷方金额 Credit Column									记账 Posting
	总账科目 General Account	明细科目 Subsidiary Account	百	十	万	千	百	十	元	角	分	百	十	万	千	百	十	元	角	分	
合计金额 Sum																					

附件 张

会计主管：Manager： 记账：Bookkeeper： 稽核：Auditor： 出纳：Cashier： 制单：Maker：

记 账 凭 证

(Voucher)

年 月 日

Date

总字 号

Code

记字 号

摘要 Abstract	会计科目 Accounting Title		借方金额 Debit Column									贷方金额 Credit Column									记账 Posting
	总账科目 General Account	明细科目 Subsidiary Account	百	十	万	千	百	十	元	角	分	百	十	万	千	百	十	元	角	分	
合计金额 Sum																					

附件 张

会计主管：Manager： 记账：Bookkeeper： 稽核：Auditor： 出纳：Cashier： 制单：Maker：

记 账 凭 证

(Voucher)

年 月 日
Date

总字 号
Code
记字 号

摘要 Abstract	会计科目 Accounting Title		借方金额 Debit Column									贷方金额 Credit Column									记账 Posting
	总账科目 General Account	明细科目 Subsidiary Account	百	十	万	千	百	十	元	角	分	百	十	万	千	百	十	元	角	分	
合计金额 Sum																					

附件 张

会计主管: Manager: 记账: Bookkeeper: 稽核: Auditor: 出纳: Cashier: 制单: Maker:

记 账 凭 证

(Voucher)

年 月 日
Date

总字 号
Code
记字 号

摘要 Abstract	会计科目 Accounting Title		借方金额 Debit Column									贷方金额 Credit Column									记账 Posting
	总账科目 General Account	明细科目 Subsidiary Account	百	十	万	千	百	十	元	角	分	百	十	万	千	百	十	元	角	分	
合计金额 Sum																					

附件 张

会计主管: Manager: 记账: Bookkeeper: 稽核: Auditor: 出纳: Cashier: 制单: Maker:

记 账 凭 证

(Voucher)

年 月 日

Date

总字 号

Code

记字 号

摘要 Abstract	会计科目 Accounting Title		借方金额 Debit Column									贷方金额 Credit Column									记账 Posting
	总账科目 General Account	明细科目 Subsidiary Account	百	十	万	千	百	十	元	角	分	百	十	万	千	百	十	元	角	分	
合 计 金 额 Sum																					

附件 张

会计主管：Manager： 记账：Bookkeeper： 稽核：Auditor： 出纳：Cashier： 制单：Maker：

记 账 凭 证

(Voucher)

年 月 日

Date

总字 号

Code

记字 号

摘要 Abstract	会计科目 Accounting Title		借方金额 Debit Column									贷方金额 Credit Column									记账 Posting
	总账科目 General Account	明细科目 Subsidiary Account	百	十	万	千	百	十	元	角	分	百	十	万	千	百	十	元	角	分	
合 计 金 额 Sum																					

附件 张

会计主管：Manager： 记账：Bookkeeper： 稽核：Auditor： 出纳：Cashier： 制单：Maker：

科目汇总表

Categorized Accounts Summary

年 月 日 汇字 号

Date Code

会计科目 Account Title	借方发生额 Debit Amount										贷方发生额 Credit Amount									
	千	百	十	万	千	百	十	元	角	分	千	百	十	万	千	百	十	元	角	分
合 计 Sum																				

科目汇总表

Categorized Accounts Summary

年 月 日 Date　　　　汇字 号 Code

会计科目 Account Title	借方发生额 Debit Amount										贷方发生额 Credit Amount									
	千	百	十	万	千	百	十	元	角	分	千	百	十	万	千	百	十	元	角	分
合 计 Sum																				

实验四 设置账簿

一、实验目的

通过本实验，使学生掌握日记账、总分类账及明细分类账的开设方法。

二、实验要求

(1)启用账簿(Book)(假定1月1日启用)，填写账簿封面、扉页(启用及经管人员一览表、科目索引表)。

(2)开设现金日记账(Cash Journal)及银行存款日记账(Cash in Banks Journal)，并过入期初余额(Opening Balance)。

(3)开设总分类账(General Ledger)，并过入期初余额。

(4)开设明细科目的明细分类账簿，并过入期初余额。

三、实验指导

1. 启用账簿的一般要求

启用会计账簿时，应当在账簿上写明单位名称和账簿名称，并填写账簿启用表。记账人员、会计主管人员调动工作时，应当注明交接日期、接办人员或者监交人员姓名，并由交接人员双方签字或盖章。

2. 启用账簿的具体要求

启用订本式账簿，应当按顺序编定的页数使用，不得跳页、缺号。使用活页式账页，应当按账户顺序编号，并须定期装订成册。年度终了，再按实际使用的账页顺序编订页码，另加账户目录，记明每个账户的名称和页次。

在账页上端的正中横线上填写一级科目名称，将明细科目写在账页的右上角或左上角上，以确定账号名称，同时填写期初余额。

(1)总分类账(General Ledger)。

总分类账是按照总分类账号分类登记全部经济业务的账簿。为保证账簿资料的安全、完整，实际工作中，大部分单位的总账都是采用订本式账簿。在模拟实验时，为节约经费，可采用活页式账簿。

总账上各会计科目的排列，应按照会计科目的编号顺序分资产、负债、所有者权益、收入、费用、利润依次排列，并填写总账目录，以便查找。

(2)日记账(Journal)。

模拟实验时，要设立现金日记账、银行存款日记账。日记账即序时账，是按照经济业务发生的先后顺序逐笔登记的账簿。根据现行会计制度规定，现金日记账、银行存款日记账必须采用订本账(Bound Book)。一般情况下，其格式可采用三栏式(Three-column)或多栏式(Columnar)账页。日记账应做到“日清月结”。模拟实践时，为了节省费用，可用活页式账簿替代实际工作中所用的订本式账簿。

其他货币资金一般不设日记账进行序时核算，只按其他货币资金的种类设置明细账进行明细核算。

(3)明细分类账(Subsidiary Ledger)。

明细分类账是按照总分类账的二级科目或明细科目开设账户,用来分类登记经济业务的账簿。明细账的格式主要有"三栏式"、"数量金额式"、"多栏式"等。根据本教材所提供的经济业务,至少应开设以下明细账:

①基本生产成本明细账。

车间设"百叶窗"和"壁板"明细账。明细账采用多栏式账页,按"直接材料"、"直接工资"、"燃料和动力"、"制造费用"设专栏。

②辅助生产成本明细账。

辅助生产成本明细账采用多栏式账页,按"原材料"、"工资及福利费"、"燃料和动力"、"其他"等设专栏。

③制造费用明细账。

制造费用明细账采用多栏式账页,按"工资及福利费"、"折旧费"、"修理费"、"办公费"、"水电费"、"其他"等设专栏。

④管理费用明细账。

管理费用明细账采用多栏式账页,按"工资及福利费"、"折旧费"、"办公费"、"招待费"、"坏账准备"、"差旅费"、"劳动保险费"、"其他"等项目设专栏。

⑤本年利润明细账。

本年利润明细账采用多栏式账页,按损益类科目名称设专栏。

⑥存货明细账。

存货明细账采用数量金额式账页,主要设立"聚氯乙烯"明细账、"碳酸钙"明细账、"百叶窗"明细账、"壁板"明细账、"木箱"明细账、"防护服"明细账等专栏。

四、实验材料

(1)现金日记账(Cash Journal)及银行存款日记账(Cash in Banks Journal)。

(2)总分类账(General Ledger)。

(3)明细分类账(Subsidiary Ledger)(三栏式明细账、数量金额式明细账、多栏式明细账)。

库存现金日记账

Cash Journal

年 Y.		凭证 Voucher		对方科目 Opposite Account	摘要 Abstract	借方金额 Debit Amount										贷方金额 Credit Amount										余额 Balance										核对 Check
月 M.	日 D.	字 Code	号 Num.			千	百	十	万	千	百	十	元	角	分	千	百	十	万	千	百	十	元	角	分	千	百	十	万	千	百	十	元	角	分	

库存现金日记账

Cash Journal

年 Y.		凭证 Voucher		对方科目 Opposite Account	摘要 Abstract	借方金额 Debit Amount										贷方金额 Credit Amount										余额 Balance										核对 Check
月 M.	日 D.	字 Code	号 Num.			千	百	十	万	千	百	十	元	角	分	千	百	十	万	千	百	十	元	角	分	千	百	十	万	千	百	十	元	角	分	

银行存款日记账

Cash in Bank Journal

开户银行 Openning Bank　　账号 Bank Account　　第 页 Page

年 Y.		凭证 Voucher		对方科目 Opposite Account	摘要 Abstract	借方金额 Debit Amount										贷方金额 Credit Amount										余额 Balance										核对 Check
月 M.	日 D.	字 Code	号 Num.			千	百	十	万	千	百	十	元	角	分	千	百	十	万	千	百	十	元	角	分	千	百	十	万	千	百	十	元	角	分	

银行存款日记账

Cash in Bank Journal

开户银行 Openning Bank　　账号 Bank Account　　第 页 Page

年 Y.		凭证 Voucher		对方科目 Opposite Account	摘要 Abstract	借方金额 Debit Amount										贷方金额 Credit Amount										余额 Balance										核对 Check
月 M.	日 D.	字 Code	号 Num.			千	百	十	万	千	百	十	元	角	分	千	百	十	万	千	百	十	元	角	分	千	百	十	万	千	百	十	元	角	分	

总　　账

General Ledger

会计科目__________

Account Title

年 Y.		凭证 Voucher		摘要 Abstract	借方金额 Debit Amount												贷方金额 Credit Amount												借或贷 De./Cr.	余额 Balance												核对 Check
月 M.	日 D.	字 Code	号 Num.		十	亿	千	百	十	万	千	百	十	元	角	分	十	亿	千	百	十	万	千	百	十	元	角	分		十	亿	千	百	十	万	千	百	十	元	角	分	

总　　账

General Ledger

会计科目__________

Account Title

年 Y.		凭证 Voucher		摘要 Abstract	借方金额 Debit Amount												贷方金额 Credit Amount												借或贷 De./Cr.	余额 Balance												核对 Check
月 M.	日 D.	字 Code	号 Num.		十	亿	千	百	十	万	千	百	十	元	角	分	十	亿	千	百	十	万	千	百	十	元	角	分		十	亿	千	百	十	万	千	百	十	元	角	分	

总 账

General Ledger

会计科目____________

Account Title

年 Y.		凭证 Voucher		摘要 Abstract	借方金额 Debit Amount												贷方金额 Credit Amount												借或贷 De./Cr.	余额 Balance												核对 Check
月 M.	日 D.	字 Code	号 Num.		十	亿	千	百	十	万	千	百	十	元	角	分	十	亿	千	百	十	万	千	百	十	元	角	分		十	亿	千	百	十	万	千	百	十	元	角	分	

总 账

General Ledger

会计科目____________

Account Title

年 Y.		凭证 Voucher		摘要 Abstract	借方金额 Debit Amount												贷方金额 Credit Amount												借或贷 De./Cr.	余额 Balance												核对 Check
月 M.	日 D.	字 Code	号 Num.		十	亿	千	百	十	万	千	百	十	元	角	分	十	亿	千	百	十	万	千	百	十	元	角	分		十	亿	千	百	十	万	千	百	十	元	角	分	

总 账

General Ledger

会计科目__________

Account Title

年 Y.		凭证 Voucher		摘要 Abstract	借方金额 Debit Amount												贷方金额 Credit Amount												借或贷 De./Cr.	余额 Balance												核对 Check
月 M.	日 D.	字 Code	号 Num.		十	亿	千	百	十	万	千	百	十	元	角	分	十	亿	千	百	十	万	千	百	十	元	角	分		十	亿	千	百	十	万	千	百	十	元	角	分	

总 账

General Ledger

会计科目__________

Account Title

年 Y.		凭证 Voucher		摘要 Abstract	借方金额 Debit Amount												贷方金额 Credit Amount												借或贷 De./Cr.	余额 Balance												核对 Check
月 M.	日 D.	字 Code	号 Num.		十	亿	千	百	十	万	千	百	十	元	角	分	十	亿	千	百	十	万	千	百	十	元	角	分		十	亿	千	百	十	万	千	百	十	元	角	分	

总 账

General Ledger

会计科目__________

Account Title

年 Y.		凭证 Voucher		摘要 Abstract	借方金额 Debit Amount												贷方金额 Credit Amount												借或贷	余额 Balance												核对 Check
月 M.	日 D.	字 Code	号 Num.		十	亿	千	百	十	万	千	百	十	元	角	分	十	亿	千	百	十	万	千	百	十	元	角	分	De./Cr.	十	亿	千	百	十	万	千	百	十	元	角	分	

总 账

General Ledger

会计科目__________

Account Title

年 Y.		凭证 Voucher		摘要 Abstract	借方金额 Debit Amount												贷方金额 Credit Amount												借或贷	余额 Balance												核对 Check
月 M.	日 D.	字 Code	号 Num.		十	亿	千	百	十	万	千	百	十	元	角	分	十	亿	千	百	十	万	千	百	十	元	角	分	De./Cr.	十	亿	千	百	十	万	千	百	十	元	角	分	

总　　账

General Ledger

会计科目__________

Account Title

年 Y.		凭证 Voucher		摘　要 Abstract	借方金额 Debit Amount												贷方金额 Credit Amount												借或贷 De./Cr.	余　额 Balance												核对 Check
月 M.	日 D.	字 Code	号 Num.		十	亿	千	百	十	万	千	百	十	元	角	分	十	亿	千	百	十	万	千	百	十	元	角	分		十	亿	千	百	十	万	千	百	十	元	角	分	

总　　账

General Ledger

会计科目__________

Account Title

年 Y.		凭证 Voucher		摘　要 Abstract	借方金额 Debit Amount												贷方金额 Credit Amount												借或贷 De./Cr.	余　额 Balance												核对 Check
月 M.	日 D.	字 Code	号 Num.		十	亿	千	百	十	万	千	百	十	元	角	分	十	亿	千	百	十	万	千	百	十	元	角	分		十	亿	千	百	十	万	千	百	十	元	角	分	

总 账

General Ledger

会计科目__________

Account Title

年 Y.		凭证 Voucher		摘要 Abstract	借方金额 Debit Amount												贷方金额 Credit Amount												借或贷 De./Cr.	余额 Balance												核对 Check
月 M.	日 D.	字 Code	号 Num.		十	亿	千	百	十	万	千	百	十	元	角	分	十	亿	千	百	十	万	千	百	十	元	角	分		十	亿	千	百	十	万	千	百	十	元	角	分	

总 账

General Ledger

会计科目__________

Account Title

年 Y.		凭证 Voucher		摘要 Abstract	借方金额 Debit Amount												贷方金额 Credit Amount												借或贷 De./Cr.	余额 Balance												核对 Check
月 M.	日 D.	字 Code	号 Num.		十	亿	千	百	十	万	千	百	十	元	角	分	十	亿	千	百	十	万	千	百	十	元	角	分		十	亿	千	百	十	万	千	百	十	元	角	分	

总 账

General Ledger

会计科目__________

Account Title

年 Y.		凭证 Voucher		摘要 Abstract	借方金额 Debit Amount												贷方金额 Credit Amount												借或贷 De./Cr.	余额 Balance												核对 Check
月 M.	日 D.	字 Code	号 Num.		十	亿	千	百	十	万	千	百	十	元	角	分	十	亿	千	百	十	万	千	百	十	元	角	分		十	亿	千	百	十	万	千	百	十	元	角	分	

总 账

General Ledger

会计科目__________

Account Title

年 Y.		凭证 Voucher		摘要 Abstract	借方金额 Debit Amount												贷方金额 Credit Amount												借或贷 De./Cr.	余额 Balance												核对 Check
月 M.	日 D.	字 Code	号 Num.		十	亿	千	百	十	万	千	百	十	元	角	分	十	亿	千	百	十	万	千	百	十	元	角	分		十	亿	千	百	十	万	千	百	十	元	角	分	

总 账

General Ledger

会计科目__________

Account Title

年 Y.		凭证 Voucher		摘要 Abstract	借方金额 Debit Amount												贷方金额 Credit Amount												借或贷 De./Cr.	余额 Balance												核对 Check
月 M.	日 D.	字 Code	号 Num.		十	亿	千	百	十	万	千	百	十	元	角	分	十	亿	千	百	十	万	千	百	十	元	角	分		十	亿	千	百	十	万	千	百	十	元	角	分	

总 账

General Ledger

会计科目__________

Account Title

年 Y.		凭证 Voucher		摘要 Abstract	借方金额 Debit Amount												贷方金额 Credit Amount												借或贷 De./Cr.	余额 Balance												核对 Check
月 M.	日 D.	字 Code	号 Num.		十	亿	千	百	十	万	千	百	十	元	角	分	十	亿	千	百	十	万	千	百	十	元	角	分		十	亿	千	百	十	万	千	百	十	元	角	分	

总 账

General Ledger

会计科目____________

Account Title

年 Y.		凭证 Voucher		摘要 Abstract	借方金额 Debit Amount												贷方金额 Credit Amount												借或贷 De./Cr.	余额 Balance												核对 Check
月 M.	日 D.	字 Code	号 Num.		十	亿	千	百	十	万	千	百	十	元	角	分	十	亿	千	百	十	万	千	百	十	元	角	分		十	亿	千	百	十	万	千	百	十	元	角	分	

总 账

General Ledger

会计科目____________

Account Title

年 Y.		凭证 Voucher		摘要 Abstract	借方金额 Debit Amount												贷方金额 Credit Amount												借或贷 De./Cr.	余额 Balance												核对 Check
月 M.	日 D.	字 Code	号 Num.		十	亿	千	百	十	万	千	百	十	元	角	分	十	亿	千	百	十	万	千	百	十	元	角	分		十	亿	千	百	十	万	千	百	十	元	角	分	

总　　账

General Ledger

会计科目____________

Account Title

年 Y.		凭证 Voucher		摘要 Abstract	借方金额 Debit Amount												贷方金额 Credit Amount												借或贷 De./Cr.	余额 Balance												核对 Check
月 M.	日 D.	字 Code	号 Num.		十	亿	千	百	十	万	千	百	十	元	角	分	十	亿	千	百	十	万	千	百	十	元	角	分		十	亿	千	百	十	万	千	百	十	元	角	分	

总　　账

General Ledger

会计科目____________

Account Title

年 Y.		凭证 Voucher		摘要 Abstract	借方金额 Debit Amount												贷方金额 Credit Amount												借或贷 De./Cr.	余额 Balance												核对 Check
月 M.	日 D.	字 Code	号 Num.		十	亿	千	百	十	万	千	百	十	元	角	分	十	亿	千	百	十	万	千	百	十	元	角	分		十	亿	千	百	十	万	千	百	十	元	角	分	

总 账

General Ledger

会计科目__________

Account Title

年 Y.		凭证 Voucher		摘要 Abstract	借方金额 Debit Amount												贷方金额 Credit Amount												借或贷 De./Cr.	余额 Balance												核对 Check
月 M.	日 D.	字 Code	号 Num.		十	亿	千	百	十	万	千	百	十	元	角	分	十	亿	千	百	十	万	千	百	十	元	角	分		十	亿	千	百	十	万	千	百	十	元	角	分	

总 账

General Ledger

会计科目__________

Account Title

年 Y.		凭证 Voucher		摘要 Abstract	借方金额 Debit Amount												贷方金额 Credit Amount												借或贷 De./Cr.	余额 Balance												核对 Check
月 M.	日 D.	字 Code	号 Num.		十	亿	千	百	十	万	千	百	十	元	角	分	十	亿	千	百	十	万	千	百	十	元	角	分		十	亿	千	百	十	万	千	百	十	元	角	分	

总 账

General Ledger

会计科目__________

Account Title

年 Y.		凭证 Voucher		摘要 Abstract	借方金额 Debit Amount												贷方金额 Credit Amount												借或贷 De./Cr.	余额 Balance												核对 Check
月 M.	日 D.	字 Code	号 Num.		十	亿	千	百	十	万	千	百	十	元	角	分	十	亿	千	百	十	万	千	百	十	元	角	分		十	亿	千	百	十	万	千	百	十	元	角	分	

总 账

General Ledger

会计科目__________

Account Title

年 Y.		凭证 Voucher		摘要 Abstract	借方金额 Debit Amount												贷方金额 Credit Amount												借或贷 De./Cr.	余额 Balance												核对 Check
月 M.	日 D.	字 Code	号 Num.		十	亿	千	百	十	万	千	百	十	元	角	分	十	亿	千	百	十	万	千	百	十	元	角	分		十	亿	千	百	十	万	千	百	十	元	角	分	

总　　账

General Ledger

会计科目__________

Account Title

年 Y.		凭证 Voucher		摘要 Abstract	借方金额 Debit Amount												贷方金额 Credit Amount												借或贷 De./Cr.	余额 Balance												核对 Check
月 M.	日 D.	字 Code	号 Num.		十	亿	千	百	十	万	千	百	十	元	角	分	十	亿	千	百	十	万	千	百	十	元	角	分		十	亿	千	百	十	万	千	百	十	元	角	分	

总　　账

General Ledger

会计科目__________

Account Title

年 Y.		凭证 Voucher		摘要 Abstract	借方金额 Debit Amount												贷方金额 Credit Amount												借或贷 De./Cr.	余额 Balance												核对 Check
月 M.	日 D.	字 Code	号 Num.		十	亿	千	百	十	万	千	百	十	元	角	分	十	亿	千	百	十	万	千	百	十	元	角	分		十	亿	千	百	十	万	千	百	十	元	角	分	

总　　账

General Ledger

会计科目__________

Account Title

年 Y.		凭证 Voucher		摘　要 Abstract	借方金额 Debit Amount												贷方金额 Credit Amount												借或贷 De./Cr.	余　额 Balance												核对 Check
月 M.	日 D.	字 Code	号 Num.		十	亿	千	百	十	万	千	百	十	元	角	分	十	亿	千	百	十	万	千	百	十	元	角	分		十	亿	千	百	十	万	千	百	十	元	角	分	

总　　账

General Ledger

会计科目__________

Account Title

年 Y.		凭证 Voucher		摘　要 Abstract	借方金额 Debit Amount												贷方金额 Credit Amount												借或贷 De./Cr.	余　额 Balance												核对 Check
月 M.	日 D.	字 Code	号 Num.		十	亿	千	百	十	万	千	百	十	元	角	分	十	亿	千	百	十	万	千	百	十	元	角	分		十	亿	千	百	十	万	千	百	十	元	角	分	

总 账

General Ledger

会计科目__________

Account Title

年 Y.		凭证 Voucher		摘要 Abstract	借方金额 Debit Amount												贷方金额 Credit Amount												借或贷 De./Cr.	余额 Balance												核对 Check
月 M.	日 D.	字 Code	号 Num.		十	亿	千	百	十	万	千	百	十	元	角	分	十	亿	千	百	十	万	千	百	十	元	角	分		十	亿	千	百	十	万	千	百	十	元	角	分	

总 账

General Ledger

会计科目__________

Account Title

年 Y.		凭证 Voucher		摘要 Abstract	借方金额 Debit Amount												贷方金额 Credit Amount												借或贷 De./Cr.	余额 Balance												核对 Check
月 M.	日 D.	字 Code	号 Num.		十	亿	千	百	十	万	千	百	十	元	角	分	十	亿	千	百	十	万	千	百	十	元	角	分		十	亿	千	百	十	万	千	百	十	元	角	分	

总 账

General Ledger

会计科目__________

Account Title

年 Y.		凭证 Voucher		摘要 Abstract	借方金额 Debit Amount												贷方金额 Credit Amount												借或贷 De./Cr.	余额 Balance												核对 Check
月 M.	日 D.	字 Code	号 Num.		十	亿	千	百	十	万	千	百	十	元	角	分	十	亿	千	百	十	万	千	百	十	元	角	分		十	亿	千	百	十	万	千	百	十	元	角	分	

总 账

General Ledger

会计科目__________

Account Title

年 Y.		凭证 Voucher		摘要 Abstract	借方金额 Debit Amount												贷方金额 Credit Amount												借或贷 De./Cr.	余额 Balance												核对 Check
月 M.	日 D.	字 Code	号 Num.		十	亿	千	百	十	万	千	百	十	元	角	分	十	亿	千	百	十	万	千	百	十	元	角	分		十	亿	千	百	十	万	千	百	十	元	角	分	

总　　账

General Ledger

会计科目____________

Account Title

年 Y.		凭证 Voucher		摘要 Abstract	借方金额 Debit Amount												贷方金额 Credit Amount												借或贷 De./Cr.	余额 Balance												核对 Check
月 M.	日 D.	字 Code	号 Num.		十	亿	千	百	十	万	千	百	十	元	角	分	十	亿	千	百	十	万	千	百	十	元	角	分		十	亿	千	百	十	万	千	百	十	元	角	分	

总　　账

General Ledger

会计科目____________

Account Title

年 Y.		凭证 Voucher		摘要 Abstract	借方金额 Debit Amount												贷方金额 Credit Amount												借或贷 De./Cr.	余额 Balance												核对 Check
月 M.	日 D.	字 Code	号 Num.		十	亿	千	百	十	万	千	百	十	元	角	分	十	亿	千	百	十	万	千	百	十	元	角	分		十	亿	千	百	十	万	千	百	十	元	角	分	

总 账

General Ledger

会计科目__________

Account Title

年 Y.		凭证 Voucher		摘要 Abstract	借方金额 Debit Amount												贷方金额 Credit Amount												借或贷 De./Cr.	余额 Balance												核对 Check
月 M.	日 D.	字 Code	号 Num.		十	亿	千	百	十	万	千	百	十	元	角	分	十	亿	千	百	十	万	千	百	十	元	角	分		十	亿	千	百	十	万	千	百	十	元	角	分	

总 账

General Ledger

会计科目__________

Account Title

年 Y.		凭证 Voucher		摘要 Abstract	借方金额 Debit Amount												贷方金额 Credit Amount												借或贷 De./Cr.	余额 Balance												核对 Check
月 M.	日 D.	字 Code	号 Num.		十	亿	千	百	十	万	千	百	十	元	角	分	十	亿	千	百	十	万	千	百	十	元	角	分		十	亿	千	百	十	万	千	百	十	元	角	分	

总　　账

General Ledger

会计科目__________

Account Title

年 Y.		凭证 Voucher		摘　要 Abstract	借方金额 Debit Amount												贷方金额 Credit Amount												借或贷 De./Cr.	余　额 Balance												核对 Check
月 M.	日 D.	字 Code	号 Num.		十	亿	千	百	十	万	千	百	十	元	角	分	十	亿	千	百	十	万	千	百	十	元	角	分		十	亿	千	百	十	万	千	百	十	元	角	分	

总　　账

General Ledger

会计科目__________

Account Title

年 Y.		凭证 Voucher		摘　要 Abstract	借方金额 Debit Amount												贷方金额 Credit Amount												借或贷 De./Cr.	余　额 Balance												核对 Check
月 M.	日 D.	字 Code	号 Num.		十	亿	千	百	十	万	千	百	十	元	角	分	十	亿	千	百	十	万	千	百	十	元	角	分		十	亿	千	百	十	万	千	百	十	元	角	分	

总 账

General Ledger

会计科目__________

Account Title

年 Y.		凭证 Voucher		摘要 Abstract	借方金额 Debit Amount												贷方金额 Credit Amount												借或贷 De./Cr.	余额 Balance												核对 Check
月 M.	日 D.	字 Code	号 Num.		十	亿	千	百	十	万	千	百	十	元	角	分	十	亿	千	百	十	万	千	百	十	元	角	分		十	亿	千	百	十	万	千	百	十	元	角	分	

总 账

General Ledger

会计科目__________

Account Title

年 Y.		凭证 Voucher		摘要 Abstract	借方金额 Debit Amount												贷方金额 Credit Amount												借或贷 De./Cr.	余额 Balance												核对 Check
月 M.	日 D.	字 Code	号 Num.		十	亿	千	百	十	万	千	百	十	元	角	分	十	亿	千	百	十	万	千	百	十	元	角	分		十	亿	千	百	十	万	千	百	十	元	角	分	

总 账

General Ledger

会计科目__________

Account Title

年 Y.		凭证 Voucher		摘 要 Abstract	借方金额 Debit Amount												贷方金额 Credit Amount												借或贷 De./Cr.	余 额 Balance												核对 Check
月 M.	日 D.	字 Code	号 Num.		十	亿	千	百	十	万	千	百	十	元	角	分	十	亿	千	百	十	万	千	百	十	元	角	分		十	亿	千	百	十	万	千	百	十	元	角	分	

总 账

General Ledger

会计科目__________

Account Title

年 Y.		凭证 Voucher		摘 要 Abstract	借方金额 Debit Amount												贷方金额 Credit Amount												借或贷 De./Cr.	余 额 Balance												核对 Check
月 M.	日 D.	字 Code	号 Num.		十	亿	千	百	十	万	千	百	十	元	角	分	十	亿	千	百	十	万	千	百	十	元	角	分		十	亿	千	百	十	万	千	百	十	元	角	分	

总　　账

General Ledger

会计科目________

Account Title

年 Y.		凭证 Voucher		摘要 Abstract	借方金额 Debit Amount												贷方金额 Credit Amount												借或贷 De./Cr.	余额 Balance												核对 Check
月 M.	日 D.	字 Code	号 Num.		十	亿	千	百	十	万	千	百	十	元	角	分	十	亿	千	百	十	万	千	百	十	元	角	分		十	亿	千	百	十	万	千	百	十	元	角	分	

总　　账

General Ledger

会计科目________

Account Title

年 Y.		凭证 Voucher		摘要 Abstract	借方金额 Debit Amount												贷方金额 Credit Amount												借或贷 De./Cr.	余额 Balance												核对 Check
月 M.	日 D.	字 Code	号 Num.		十	亿	千	百	十	万	千	百	十	元	角	分	十	亿	千	百	十	万	千	百	十	元	角	分		十	亿	千	百	十	万	千	百	十	元	角	分	

总 账

General Ledger

会计科目__________

Account Title

年 Y.		凭证 Voucher		摘要 Abstract	借方金额 Debit Amount												贷方金额 Credit Amount												借或贷 De./Cr.	余额 Balance												核对 Check
月 M.	日 D.	字 Code	号 Num.		十	亿	千	百	十	万	千	百	十	元	角	分	十	亿	千	百	十	万	千	百	十	元	角	分		十	亿	千	百	十	万	千	百	十	元	角	分	

总 账

General Ledger

会计科目__________

Account Title

年 Y.		凭证 Voucher		摘要 Abstract	借方金额 Debit Amount												贷方金额 Credit Amount												借或贷 De./Cr.	余额 Balance												核对 Check
月 M.	日 D.	字 Code	号 Num.		十	亿	千	百	十	万	千	百	十	元	角	分	十	亿	千	百	十	万	千	百	十	元	角	分		十	亿	千	百	十	万	千	百	十	元	角	分	

明 细 账

Subsidiary Account

科目 Account ________

子目 Subaccount ________ 总页 General Page ________

户名 Name ________ 分页 Sub Page ________

年 Y.		凭证 Vou.		摘要 Abs.	借方 Deb.												贷方 Cr.												借或贷 Deb./Cr.	余额 Bal.												核对 Check
月 M.	日 D.	字 C.	号 N.		十	亿	千	百	十	万	千	百	十	元	角	分	十	亿	千	百	十	万	千	百	十	元	角	分		十	亿	千	百	十	万	千	百	十	元	角	分	

明 细 账

Subsidiary Account

科目 Account ________

子目 Subaccount ________ 总页 General Page ________

户名 Name ________ 分页 Sub Page ________

年 Y.		凭证 Vou.		摘要 Abs.	借方 Deb.												贷方 Cr.												借或贷 Deb./Cr.	余额 Bal.												核对 Check
月 M.	日 D.	字 C.	号 N.		十	亿	千	百	十	万	千	百	十	元	角	分	十	亿	千	百	十	万	千	百	十	元	角	分		十	亿	千	百	十	万	千	百	十	元	角	分	

明 细 账
Subsidiary Account

科目 Account ________

子目 Subaccount ________ 总页 General Page ________

户名 Name ________ 分页 Sub Page ________

年 Y.		凭证 Vou.		摘要 Abs.	借方 Deb.												贷方 Cr.												借或贷 Deb./Cr.	余额 Bal.												核对 Check
月 M.	日 D.	字 C.	号 N.		十	亿	千	百	十	万	千	百	十	元	角	分	十	亿	千	百	十	万	千	百	十	元	角	分		十	亿	千	百	十	万	千	百	十	元	角	分	

明 细 账
Subsidiary Account

科目 Account ________

子目 Subaccount ________ 总页 General Page ________

户名 Name ________ 分页 Sub Page ________

年 Y.		凭证 Vou.		摘要 Abs.	借方 Deb.												贷方 Cr.												借或贷 Deb./Cr.	余额 Bal.												核对 Check
月 M.	日 D.	字 C.	号 N.		十	亿	千	百	十	万	千	百	十	元	角	分	十	亿	千	百	十	万	千	百	十	元	角	分		十	亿	千	百	十	万	千	百	十	元	角	分	

明 细 账
Subsidiary Account

科目 Account ________

子目 Subaccount ________ 总页 General Page ________

户名 Name ________ 分页 Sub Page ________

年 Y.		凭证 Vou.		摘要 Abs.	借方 Deb.												贷方 Cr.												借或贷 Deb./Cr.	余额 Bal.												核对 Check
月 M.	日 D.	字 C.	号 N.		十	亿	千	百	十	万	千	百	十	元	角	分	十	亿	千	百	十	万	千	百	十	元	角	分		十	亿	千	百	十	万	千	百	十	元	角	分	

明 细 账
Subsidiary Account

科目 Account ________

子目 Subaccount ________ 总页 General Page ________

户名 Name ________ 分页 Sub Page ________

年 Y.		凭证 Vou.		摘要 Abs.	借方 Deb.												贷方 Cr.												借或贷 Deb./Cr.	余额 Bal.												核对 Check
月 M.	日 D.	字 C.	号 N.		十	亿	千	百	十	万	千	百	十	元	角	分	十	亿	千	百	十	万	千	百	十	元	角	分		十	亿	千	百	十	万	千	百	十	元	角	分	

明 细 账
Subsidiary Account

科目 Account ________

子目 Subaccount ________ 总页 General Page ________

户名 Name ________ 分页 Sub Page ________

年 Y.		凭证 Vou.		摘要 Abs.	借方 Deb.												贷方 Cr.												借或贷 Deb./Cr.	余额 Bal.												核对 Check
月 M.	日 D.	字 C.	号 N.		十	亿	千	百	十	万	千	百	十	元	角	分	十	亿	千	百	十	万	千	百	十	元	角	分		十	亿	千	百	十	万	千	百	十	元	角	分	

明 细 账
Subsidiary Account

科目 Account ________

子目 Subaccount ________ 总页 General Page ________

户名 Name ________ 分页 Sub Page ________

年 Y.		凭证 Vou.		摘要 Abs.	借方 Deb.												贷方 Cr.												借或贷 Deb./Cr.	余额 Bal.												核对 Check
月 M.	日 D.	字 C.	号 N.		十	亿	千	百	十	万	千	百	十	元	角	分	十	亿	千	百	十	万	千	百	十	元	角	分		十	亿	千	百	十	万	千	百	十	元	角	分	

明　细　账

Subsidiary Account

科目 Account ________

子目 Subaccount ________　　总页 General Page ________

户名 Name ________　　分页 Sub Page ________

年 Y.		凭证 Vou.		摘要 Abs.	借方 Deb.												贷方 Cr.												借或贷 Deb./Cr.	余额 Bal.												核对 Check
月 M.	日 D.	字 C.	号 N.		十	亿	千	百	十	万	千	百	十	元	角	分	十	亿	千	百	十	万	千	百	十	元	角	分		十	亿	千	百	十	万	千	百	十	元	角	分	

明　细　账

Subsidiary Account

科目 Account ________

子目 Subaccount ________　　总页 General Page ________

户名 Name ________　　分页 Sub Page ________

年 Y.		凭证 Vou.		摘要 Abs.	借方 Deb.												贷方 Cr.												借或贷 Deb./Cr.	余额 Bal.												核对 Check
月 M.	日 D.	字 C.	号 N.		十	亿	千	百	十	万	千	百	十	元	角	分	十	亿	千	百	十	万	千	百	十	元	角	分		十	亿	千	百	十	万	千	百	十	元	角	分	

明　细　账

Subsidiary Account

科目 Account ______　商品类别 Merchandise Category ______

子目 Subaccount ______　品名 Trade Name ______

总页 General Page: ______　分页 Sub Page ______

计量单位 Measurementunit ______　规格等级 Specification ______

年 Y.		凭证 Voucher		摘要 Abstract	收入 Stock In												发出 Stock Out												结余 Bal.											
月 M.	日 D.	字 C.	号 N.		数量 Quantity	单价 Unit Price	金额 Amt.										数量 Quantity	单价 Unit Price	金额 Amt.										数量 Quantity	单价 Unit Price	金额 Amt.									
							千	百	十	万	千	百	十	元	角	分			千	百	十	万	千	百	十	元	角	分			千	百	十	万	千	百	十	元	角	分

明　细　账

Subsidiary Account

科目 Account ______　商品类别 Merchandise Category ______

子目 Subaccount ______　品名 Trade Name ______

总页 General Page: ______　分页 Sub Page ______

计量单位 Measurementunit ______　规格等级 Specification ______

年 Y.		凭证 Voucher		摘要 Abstract	收入 Stock In												发出 Stock Out												结余 Bal.											
月 M.	日 D.	字 C.	号 N.		数量 Quantity	单价 Unit Price	金额 Amt.										数量 Quantity	单价 Unit Price	金额 Amt.										数量 Quantity	单价 Unit Price	金额 Amt.									
							千	百	十	万	千	百	十	元	角	分			千	百	十	万	千	百	十	元	角	分			千	百	十	万	千	百	十	元	角	分

明　细　账

Subsidiary Account

计量单位 Measurementunit ______　　规格等级 Specification ______

科目 Account ______　　商品类别 Merchandise Category ______

子目 Subaccount ______　　品名 Trade Name ______

总页 General Page：______　　分页 Sub Page ______

年 Y.		凭证 Voucher		摘要 Abstract	收入 Stock In												发出 Stock Out												结余 Bal.											
月 M.	日 D.	字 C.	号 N.		数量 Quantity	单价 Unit Price	金额 Amt.										数量 Quantity	单价 Unit Price	金额 Amt.										数量 Quantity	单价 Unit Price	金额 Amt.									
							千	百	十	万	千	百	十	元	角	分			千	百	十	万	千	百	十	元	角	分			千	百	十	万	千	百	十	元	角	分

明　细　账

Subsidiary Account

计量单位 Measurementunit ______　　规格等级 Specification ______

科目 Account ______　　商品类别 Merchandise Category ______

子目 Subaccount ______　　品名 Trade Name ______

总页 General Page：______　　分页 Sub Page ______

年 Y.		凭证 Voucher		摘要 Abstract	收入 Stock In												发出 Stock Out												结余 Bal.											
月 M.	日 D.	字 C.	号 N.		数量 Quantity	单价 Unit Price	金额 Amt.										数量 Quantity	单价 Unit Price	金额 Amt.										数量 Quantity	单价 Unit Price	金额 Amt.									
							千	百	十	万	千	百	十	元	角	分			千	百	十	万	千	百	十	元	角	分			千	百	十	万	千	百	十	元	角	分

明　细　账
Subsidiary Account

计量单位 Measurementunit ______　规格等级 Specification ______

科目 Account ______　商品类别 Merchandise Category ______
子目 Subaccount ______　品名 Trade Name ______
总页 General Page: ______　分页 Sub Page ______

年 Y.		凭证 Voucher		摘要 Abstract	收入 Stock In												发出 Stock Out												结余 Bal.											
月 M.	日 D.	字 C.	号 N.		数量 Quantity	单价 Unit Price	金额 Amt.										数量 Quantity	单价 Unit Price	金额 Amt.										数量 Quantity	单价 Unit Price	金额 Amt.									
							千	百	十	万	千	百	十	元	角	分			千	百	十	万	千	百	十	元	角	分			千	百	十	万	千	百	十	元	角	分

明　细　账
Subsidiary Account

计量单位 Measurementunit ______　规格等级 Specification ______

科目 Account ______　商品类别 Merchandise Category ______
子目 Subaccount ______　品名 Trade Name ______
总页 General Page: ______　分页 Sub Page ______

年 Y.		凭证 Voucher		摘要 Abstract	收入 Stock In												发出 Stock Out												结余 Bal.											
月 M.	日 D.	字 C.	号 N.		数量 Quantity	单价 Unit Price	金额 Amt.										数量 Quantity	单价 Unit Price	金额 Amt.										数量 Quantity	单价 Unit Price	金额 Amt.									
							千	百	十	万	千	百	十	元	角	分			千	百	十	万	千	百	十	元	角	分			千	百	十	万	千	百	十	元	角	分

明细分类账
Subsidiary Account

科目：Account

子目：Subaccount

第　页
Page

年 Y.		凭证 Vou.		摘要 Abstract	借方金额 Deb. Amt.																																										贷方 Cr. Amt.										余额 Bal.									
					合计 Sum																																																												
月 M.	日 D.	字 C.	号 N.		千	百	十	万	千	百	十	元	角	分	十	万	千	百	十	元	角	分	十	万	千	百	十	元	角	分	十	万	千	百	十	元	角	分	十	万	千	百	十	元	角	分	千	百	十	万	千	百	十	元	角	分	千	百	十	万	千	百	十	元	角	分

明细分类账
Subsidiary Account

科目：Account

子目：Subaccount

第　页
Page

年 Y.		凭证 Vou.		摘要 Abstract	借方金额 Deb. Amt.																																										贷方 Cr. Amt.										余额 Bal.									
					合计 Sum																																																												
月 M.	日 D.	字 C.	号 N.		千	百	十	万	千	百	十	元	角	分	十	万	千	百	十	元	角	分	十	万	千	百	十	元	角	分	十	万	千	百	十	元	角	分	十	万	千	百	十	元	角	分	千	百	十	万	千	百	十	元	角	分	千	百	十	万	千	百	十	元	角	分

实验五　登记账簿

一、实验目的

通过本实验，使学生掌握日记账、总分类账及明细分类账的登记方法。

二、实验要求

过入各总分类账、日记账及明细分类账12月的发生额。

三、实验指导

（一）记账的依据

明细账可根据原始凭证、原始凭证汇总表（Summary Sheet）或记账凭证逐笔登记。银行存款日记账和现金日记账根据收款、付款凭证逐笔依顺序登记。

总账根据科目汇总表登记，总账上的“月、日”应填写科目汇总表的“月、日”，凭证种类可填“汇×”号。同一个会计科目借、贷方均有发生额的，应填在同一行。

（二）记账的要求

（1）登记（Posting）会计账簿时，应当将会计凭证日期、编号、业务内容摘要、金额和其他有关资料逐项记入账内，做到数字准确、摘要清楚、登记及时、字迹工整。

登记完毕后，在记账凭证的特定位置上打勾，注明已经登账的符号（如“√”）。同时，在记账凭证上签名或盖章。

账簿中书写的文字和数字上面要留有适当空格，不要写满格；一般应占格距的1/2～2/3。书写阿拉伯数字，字体要自右上方斜向左下方，有倾斜度。

登记账簿要用蓝黑墨水或碳素墨水书写，不得使用圆珠笔和铅笔（特别情况除外）。

为了保持账页的美观，每一页的第一笔业务的年、月应在年、月栏中填写。只要不跨月，以后本页再登记时，一律不填月份，只填日期。跨月登记时，应在上月的月结线下的月份栏内填写新的月份。

（2）每一账页登记完毕结转下页时，应当结出本页合计数（Sum）及余额，写在本页最后一行和下页第一行有关栏内，并在“摘要”栏内注明“过次页”和“承前页”字样；也可以将本页合计数及金额只写在下页第一行有关栏内，并在“摘要”栏内注明“承前页”字样。具体办法：对需要结计本月发生额的账号，结计“过次页”的本页合计数应当为自本月初起至本页末止的发生额合计数；对需要结计本年累计发生额的账号，结计“过次页”的本页合计数应当为自年初起至本页末止的累计数；对既不需要结计本月发生额也不需要结计本年累计发生额的账号，可以只将每页末（倒数第2行）的余额结转次页，但为了验证月末余额的计算是否正确，可用铅笔结出每页的发生额。

（3）下列情况，可以用红色墨水记账：

①按照红字冲账的记账凭证，冲销（Write off）错误记录；

②在不设借、贷等栏的多栏式账页中，登记减少数；

③在三栏式账号的“余额”栏前，如未印明余额方向的，在“余额”栏内登记负数余额；

④根据国家统一会计制度的规定，可以用红字登记的其他会计记录。

(4)各种账簿按页次顺序连续登记,不得跳行、隔页。如果发生跳行、隔页,应当将空行、空页的金额栏自右上角向左下角用红笔划一条对角斜线注销,同时注明“此行空白”、“此页空白”字样,并由记账人员签名或盖章。

(5)登账时,要求书写正确、美观。

(6)凡需要结出余额的账户,结出余额后,应当在“借或贷”等栏内写明“借”或“贷”(Debit or Credit)等字样。没有余额的账户,应当在“借或贷”等栏内写“平”字,并在“余额”栏内元位上用“0”表示。现金日记账和银行存款日记账必须逐日结出余额。实验中,为防止在账簿记录中更正错误引起连锁反应(即一个数字改动了,与之有关的其他数字都要随之改动),除月末和转页这两种情况外,其他时候登记账簿都不要用墨水结出余额,需要及时了解账户的余额,应用铅笔写在“余额”栏。

四、实验材料

实验四已设置好的账簿。

实验六 更正错账

一、实验目的

通过本实验，使学生掌握更正错账的方法。

二、实验要求

按照规定的方法更正错账。

三、实验指导

在记账过程中，如果账簿记录发生错误，必须按照规定方法进行更正。不准采用涂改、挖补、刮擦或者用药水消除字迹，重新抄写等方法。

(一)划线更正法

划线更正法(Correction by Drawing a Straight Line)适用于在结账前发现账簿记录中文字、数字有错误，而其所依据的记账凭证并无错误的情况。更正的方法是：将错误的文字或者数字划一条红线注销，同时使原有字迹仍可辨认，以备考查；然后，在划线上方用蓝字或黑字填写正确的文字或者数字，并由会计人员和会计机构负责人在更正处盖章。对于错误的数字，应当全部划线更正，不得只更正其中的错误数字。对于文字错误，则可只划去错误部分。

(二)红字更正法

红字更正法(Correction by Using Red Ink)又称红字冲销法，用红字记录表明对原有记录的冲减。一般适用于以下两种情况：

1. 记账以后，发现记账凭证中记账方向、会计科目或金额有错误时，可采用红字更正法更正。更正时，应用红字金额填制一份与原错误记账凭证会计科目、记账方向和金额相同的记账凭证，"摘要"栏内注明"订正×月×日×号凭证"，并据以用红字登记账簿，从而冲销原来的错误记录；然后，用蓝字重新填制一份正确的记账凭证，"摘要"栏注明"补记×月×日×号凭证"，并据以用蓝字登记账簿。

2. 记账以后，发现记账凭证中应借、应贷会计科目并无错误，只是所记金额大于应记金额，这时可采用红字更正法。将多记的金额(即正确数与错误数之间的差额)用红字填写一张与原错误记账凭证记账方向、会计科目相同的记账凭证，"摘要"栏内注明"冲销×月×日×号记账凭证多记金额"，并据以用红字记入账户，冲销多记金额，求得正确金额。

(三)补充登记法

补充登记法(Correction by Extra Recording)又称蓝字补记法。记账以后、结账前，发现记账凭证中应借、应贷会计科目和方向并无错误，只是所记金额小于应记金额，这时可采用补充登记法。将少记的金额(即正确数与错误数之间的差额)用蓝字填写一张与原错误记账凭证记账方向、应借应贷会计科目相同的记账凭证，"摘要"栏内注明"补记×月×日×号记账凭证少记金额"，并据以用蓝字记入账户，补记少记金额，求得正确金额。

四、实验材料

(1)实验三中业务 26 和业务 33 的错误记账凭证。

(2)实验四中相关的错误账簿记录。

实验七 账项调整

一、实验目的

通过本实验,使学生掌握账项调整与结账业务的核算方法。

二、实验要求

(1)审核原始凭证。

(2)编制记账凭证。

(3)登记相关的总分类账和明细分类账的发生额。

三、实验指导

在实行权责发生制的单位,应按照权责发生制的要求,进行账项调整的账务处理,以计算确定本期的成本、费用、收入和财务成果。账项调整(Adjustment of Account)包括以下几个方面:

(1)成本类账户转账。为了正确计算产品成本,期末,制造费用应按企业成本核算的有关规定,分配计入有关成本核算对象,同时将本账户本期发生额分配转入“生产成本”账户;“生产成本”账户汇集的费用应在完工产品和在产品之间分配,计算出完工产品的生产成本,并通过本账户贷方转到“库存商品”账户借方。

(2)本期未收到、支付款项但应在本期确认收入、费用等转账业务,如待摊和预提项目(Inter-period Allocation Accounts)、固定资产折旧、无形资产摊销等业务,也应填制记账凭证,据以转入有关的成本和账户中。

(3)有关损益、权益类账户转账,期末,将“主营业务收入”、“其他业务收入”、“营业外收入”等收入账户的本期发生额合计数转入“本年利润”账户中;同时,将“主营业务成本”、“管理费用”、“财务费用”、“销售费用”、“其他业务成本”、“营业税金及附加”和“营业外支出”、“所得税费用”等支出账户的本期发生额的合计数转入“本年利润”账户中,计算本期利润;年度终了时,应将全年实现的净利润总额,从“本年利润”账户转入“利润分配——未分配利润”账户;将全年利润分配总额,从“利润分配”其他明细账户转入“利润分配——未分配利润”账户。

四、实验材料

会计事项和相关资料如下。为了保证会计处理的连续性,本实验业务与实验三和实验六的记账凭证做了连续统一编号。

(37)31 日，计提折旧。(附件 61)

附件 61

固定资产折旧计提表

Statement of Fixed Assets and Accumulated Depreciation

年　　月

Date

使用部门和固定资产类别 Dept. & Classification of Fixed Assets		固定资产原　价 Cost	上月增加固定资产原价 Increased Cast Month	本月减少固定资产原价 Decreased the Month	月折旧率 Rate of Month	月折旧额 Amount of Month
车间 Workshop	厂房		无	无		
	机器		无	无		
机修车间 Repair Workshop	厂房		无	无		
	机器		无	无		
非生产用固定资产			无	无		
合　计 Total			无	无		

(38)31 日,按产品耗用生产工人工时分配制造费用并结转。(附件 62)

注:制造费用分配表请自行练习设计,掌握自制原始凭证的设计要领。

附件 62

(39)31 日，本月产品全部完工。本月百叶窗完工 100 件。壁板完工 90 件。结转完工产品成本。(附件 63、64)

附件 63

上海鹏飞塑料制品股份有限公司材料物资入库单

Shanghai Pengfei Co.Stock in

年 月 日 Date　　　　编号 10006 No：

交来单位及部门 Dept.of Supplier		发票号码或生产单号码 Invoice No.		验收仓库 Accepted Warehouse			
名称及规格 Name and Specification	单位 Unit	数量 Quantity		实际价格 Actural Pvice			
		交库 Deliveried	实收 Collected	单价 Price	金额 Amount	运杂费 Freight	合计 Total
合计 Total							

三、记账联

记账 赵 燕 Entered　　验收 张 华 Checker　　缴库 Pay into Treasury

附件 64

完工产品成本计算表

Cost of Finished Goods Working Sheet

12 月

December

<table>
<tr><th rowspan="2">成本项目
Items</th><th colspan="2">产品名称 Name：
产　　量 Quantity：</th><th colspan="2">产品名称 Name：
产　　量 Quantity：</th><th rowspan="2">合　计
Total</th></tr>
<tr><th>总成本
Total Cost</th><th>单位成本
Unit Cost</th><th>总成本
Total Cost</th><th>单位成本
Unit Cost</th></tr>
<tr><td>直接材料
Direct Material</td><td></td><td></td><td></td><td></td><td></td></tr>
<tr><td>直接人工
Direct Labor</td><td></td><td></td><td></td><td></td><td></td></tr>
<tr><td>燃料动力
Fuels and Energy</td><td></td><td></td><td></td><td></td><td></td></tr>
<tr><td>制造费用
Manufacturing Expenses</td><td></td><td></td><td></td><td></td><td></td></tr>
<tr><td>合　　计
Total</td><td></td><td></td><td></td><td></td><td></td></tr>
</table>

制表人

Prepared

提示：本月完工产品成本在月末计算，发出商品平时只登记数量，无法确定单位成本，因此，已经销售的产品成本应在月末计算并结转。

(40)31 日,结转已销产品成本,计提坏账准备。(附件 65、66、67)

附件 65

物资类别	

Classification

出 库 单

Stock out

连续号:20007

年 月 日

Date

Issue No.

提货单位或领货部门 Department of User				发票号码或生产单号码 Invoice No.		发出仓库 Warehouse		出库日期 Date to Pull	
编号 Code	名称及规格 Name and Specification	单位 Unit	数量 Quantity 要数 Demand	数量 Quantity 实发 Send	单价 Price		金额 Amount	备注 Remark	
合计 Total									

二、记账联

财会部门主管 李弘达 Approved　记账 赵燕 Entered　发货 张华 Shipper　制单 赵琴 Prepared

附件 66

物资类别	

Classification

出 库 单

Stock out

连续号:20008

年 月 日

Date

Issue No.

提货单位或领货部门 Department of User				发票号码或生产单号码 Invoice No.		发出仓库 Warehouse		出库日期 Date to Pull	
编号 Code	名称及规格 Name and Specification	单位 Unit	数量 Quantity 要数 Demand	数量 Quantity 实发 Send	单价 Price		金额 Amount	备注 Remark	
合计 Total									

二、记账联

财会部门主管 李弘达 Approved　记账 赵燕 Entered　发货 张华 Shipper　制单 赵琴 Prepared

附件 67

坏账准备计算表

Working Sheet of Allowance for Doubtful Debts

年 12 月 31 日

For the period ended Dec. 31 ____

项　目 Items	余　额 Balance	计提比例 Proportion	金　额 Amount
应收账款 Accounts Receivable			
其他应收款 Other Receivables			
合　计 Total			
备注： Remark			

制表：游德立　　　财务主管：李弘达
Prepared　　　CFO

（41）31 日，计算本月应交增值税，同时申报上交应交的增值税金。（附件 68、69）

附件 68

应交增值税计算表
Working Sheet of Value Added Tax Payable

年　　月　　日
Date

项　目 Items	销项税额 Substituted Money on VAT	进项税额 Withholdings on VAT	进项税额转出 Changeover Withholding on VAT	应交增值税 VAT Payable	本月已缴增值税 VAT Paid Current Month	本月未缴（或多缴）增值税 Unpaid(Over paid) VAT
金　额 Amount						

提示：本表依据“应交增值税”明细账有关数据填列。按会计核算要求，期末应将当月未缴（或多缴）的增值税转入“应交税费——未交增值税”明细账。

附件 69

增值税纳税申报表

（一般纳税人适用）

根据国家税收法律法规及增值税相关规定制定本表。纳税人不论有无销售额，均应按税务机关核定的纳税期限填写本表，并向当地税务机关申报。

税款所属时间：自　年　月　日至　年　月　日　填表日期：　年　月　日　　　　金额单位：元至角分

纳税人识别号					所属行业：	
纳税人名称	（公章）	法定代表人姓名		注册地址		生产经营地址	
开户银行及账号		登记注册类型			电话号码	

项目		栏次	一般货物、劳务和应税服务		即征即退货物、劳务和应税服务	
			本月数	本年累计	本月数	本年累计
销售额	（一）按适用税率计税销售额	1				
	其中：应税货物销售额	2				
	应税劳务销售额	3				
	纳税检查调整的销售额	4				
	（二）按简易办法计税销售额	5				
	其中：纳税检查调整的销售额	6				
	（三）免、抵、退办法出口销售额	7			—	—
	（四）免税销售额	8			—	—
	其中：免税货物销售额	9			—	—
	免税劳务销售额	10			—	—
税款计算	销项税额	11				
	进项税额	12				
	上期留抵税额	13				—
	进项税额转出	14				
	免、抵、退应退税额	15			—	—
	按适用税率计算的纳税检查应补缴税额	16			—	—
	应抵扣税额合计	17=12+13−14−15+16		—		—
	实际抵扣税额	18(如 17<11，则为 17，否则为 11)				
	应纳税额	19=11−18				
	期末留抵税额	20=17−18				—
	简易计税办法计算的应纳税额	21				
	按简易计税办法计算的纳税检查应补缴税额	22			—	—
	应纳税额减征额	23				
	应纳税额合计	24=19+21−23				

续表

税款缴纳	期初未缴税额(多缴为负数)	25				
	实收出口开具专用缴款书退税额	26			—	—
	本期已缴税额	27＝28＋29＋30＋31				
	①分次预缴税额	28		—		—
	②出口开具专用缴款书预缴税额	29		—	—	—
	③本期缴纳上期应纳税额	30				
	④本期缴纳欠缴税额	31				
	期末未缴税额(多缴为负数)	32＝24＋25＋26－27				
	其中:欠缴税额(≥0)	33＝25＋26－27		—		—
	本期应补(退)税额	34＝24－28－29		—		—
	即征即退实际退税额	35	—	—		
	期初未缴查补税额	36			—	—
	本期入库查补税额	37			—	—
	期末未缴查补税额	38＝16＋22＋36－37			—	—

授权声明	如果你已委托代理人申报,请填写下列资料: 为代理一切税务事宜,现授权 (地址)　　　　　为本纳税人的代理申报人,任何与本申报表有关的往来文件,都可寄予此人。 授权人签字:	申报人声明	本纳税申报表是根据国家税收法律法规及相关规定填报的,我确定它是真实的、可靠的、完整的。 声明人签字:

主管税务机关:　　　　　　　接收人:　　　　　　接收日期:

(42)31 日,交易性金融资产的市价没有变化。结转损益类账户到“本年利润”账户。(附件 70)

附件 70

损益类账户发生金额表

年 12 月 31 日　　　　制表:伍爱利

For the year ended ____　　　　Prepared:

账户名称 Accounting Title	借方发生额 Dr. Amount	贷方发生额 Cr. Amount

（43）31 日，填制所得税纳税申报表，计算本年应交所得税，税率为 25%。（附件 71、72）

附件 71

所得税计算表

Working Sheet of Income Tax

年 12 月 31 日

For the year ended ____

项　目 Items	金　额 Amount
税前会计利润 Total Profit Before Tax	
加：纳税调整增加额 Plus: Increase Amount for Tax Adjustment	
减：纳税调整减少额 Minus: Decrease Amount for Tax Adjustment	
应税所得 Taxable Income	
所得税税率 Tax Rate	
本期应交所得税 Current Tax Payable	
本期所得税费用 Current Tax Expense	

制表：　　　　　　　　审批：

Prepared　　　　　　　Approved

附件 72

中华人民共和国企业所得税月(季)度预缴纳税申报表(A类)

税款所属期间：　　　年　　月　　日至　　　年　　月　　日

纳税人识别号：□□□□□□□□□□□□□□□

纳税人名称：　　　　　　　　　　　　　　　　　　金额单位：人民币元(列至角分)

<table>
<tr><th>行次</th><th colspan="2">项　目</th><th>本期金额</th><th>累计金额</th></tr>
<tr><td>1</td><td colspan="4">一、据实预缴</td></tr>
<tr><td>2</td><td colspan="2">营业收入</td><td></td><td></td></tr>
<tr><td>3</td><td colspan="2">营业成本</td><td></td><td></td></tr>
<tr><td>4</td><td colspan="2">利润总额</td><td></td><td></td></tr>
<tr><td>5</td><td colspan="2">税率(25%)</td><td></td><td></td></tr>
<tr><td>6</td><td colspan="2">应纳所得税额(4行×5行)</td><td></td><td></td></tr>
<tr><td>7</td><td colspan="2">减免所得税额</td><td></td><td></td></tr>
<tr><td>8</td><td colspan="2">实际已缴所得税额</td><td></td><td></td></tr>
<tr><td>9</td><td colspan="2">应补(退)的所得税额(6行−7行−8行)</td><td></td><td></td></tr>
<tr><td>10</td><td colspan="4">二、按照上一纳税年度应纳税所得额的平均额预缴</td></tr>
<tr><td>11</td><td colspan="2">上一纳税年度应纳税所得额</td><td></td><td></td></tr>
<tr><td>12</td><td colspan="2">本月(季)应纳税所得额(11行÷12或11行÷4)</td><td></td><td></td></tr>
<tr><td>13</td><td colspan="2">税率(25%)</td><td></td><td></td></tr>
<tr><td>14</td><td colspan="2">本月(季)应纳所得税额(12行×13行)</td><td></td><td></td></tr>
<tr><td>15</td><td colspan="4">三、按照税务机关确定的其他方法预缴</td></tr>
<tr><td>16</td><td colspan="2">本月(季)确定预缴的所得税额</td><td></td><td></td></tr>
<tr><td>17</td><td colspan="4">总分机构纳税人</td></tr>
<tr><td>18</td><td rowspan="3">总机构</td><td>总机构应分摊的所得税额(9行或14行或16行×25%)</td><td></td><td></td></tr>
<tr><td>19</td><td>中央财政集中分配的所得税额(9行或14行或16行×25%)</td><td></td><td></td></tr>
<tr><td>20</td><td>分支机构分摊的所得税额(9行或14行或16行×50%)</td><td></td><td></td></tr>
<tr><td>21</td><td rowspan="2">分支机构</td><td>分配比例</td><td></td><td></td></tr>
<tr><td>22</td><td>分配的所得税额(20行×21行)</td><td></td><td></td></tr>
</table>

谨声明：此纳税申报表是根据《中华人民共和国企业所得税法》、《中华人民共和国企业所得税法实施条例》和国家有关税收规定填报的，是真实的、可靠的、完整的。

法定代表人(签字)：　　　　　　　　　　年　月　日

纳税人公章： 会计主管： 填表日期：　　年　月　日	代理申报中介机构公章： 经办人： 经办人执业证件号码： 代理申报日期：　年　月　日	主管税务机关受理专用章： 受理人： 受理日期：　　年　月　日

国家税务总局监制

(44)31 日，按税后利润的 10％提取盈余公积作为储备基金；拟按税后利润的 30％，向投资者分配现金股利。账号：432578。(附件 73、74)

附件 73

应付股利计算表

Working Sheet of Dividends Payable

年度

For the year ended Dec. 31 ____

上年未分配利润 Retained Earnings Last Year	本年可分配利润 Profits Available from Current Year	可分配利润合计 Total Profits Available	分配比例 Proportion	应付股利总额 Amount

应付股利详细情况 Details		
投资者 Investors	出资比例 Proportion	应得股利 Dividends

主管：李弘达 CFO　　记账：伍爱利 Entered　　审核： Approved　　制表：伍爱利 Prepared

附件 74

储备基金计提表

Working Sheet of Reserve Fund

年度

For the year ended ____

计提基数 Profit after Tax	计提比例 Proportion	计提额 Amount

主管： CFO　　记账： Entered　　审核： Checked　　制表： Prepared

(45)31 日,缴清所欠税金。(附件 75、76)

附件 75

城市维护建设税(教育费附加)申报表

申报纳税 11

上海市地方税务局　　　　税务计算机代码:□□□□□□□□

城市维护建设税(教育费附加)申报表　　　　缴款书号码:□□□□□□□□

申报单位名称　　税款所属日期:　　年　月　日至　　年　月　日　　单位:元

税种名称	计税(费)税额	城市维护建设税				教育费附加			
		税率	应纳税额	已纳税额	本期应补(退)税额	税率	应纳税额	已纳税额	本期应补(退)附加额
营业税									
增值税									
消费税									
合　计									

上海市地方税务局 征税专用章

申报单位盖章:　　负责人(签章):赵宏　　经办人员(签章):
税务机关审理申报日期:　　年　月　日　　审核人(签章):

填表说明:

1. 纳税(费)义务人缴纳营业税、增值税、消费税后申报城市维护建设税和教育费附加时填写此表。
2. 纳税(费)义务人随营业税、增值税、消费税规定的申报时间向当地地方税务机关报送此表。
3. 此表一式两份,税务机关审核后留存一份,返回申报单位一份。

附件 76

应交城市维护建设税、教育费附加计算表

Working Sheet of Other Tax Payable

项　目 Items	计算基数 Tax Base	比　例 Proportion	金　额 Amount
应交城市维护建设税			
应交教育费附加			

★提示：上海市的城建税税率为7%，教育附加费为3%，地方教育附加费为2%，河道清理费为1%。

(46)31日，将“本年利润”及“利润分配”有关明细账余额转入“利润分配——未分配利润”账户。(附件77)

附件 77

年度转账单

Account Transfer Document

年度

For the year ended ____

账户名称 Account Title	金　额 Amount
本年利润 Income Summary	
利润分配——提取储备基金 Profit Distribution—Accural Reserve Fund	
利润分配——应付股利 Profit Distribution—Dividends Payable	

主管：李弘达　CFO　　记账：伍爱利　Entered　　审核：　Checked　　制表：伍爱利　Prepared

实验八　对　账

一、实验目的

通过本实验，使学生掌握对账的方法。

二、实验要求

(1)进行账证核对。
(2)进行账账核对。
(3)结计出各账户余额及发生额(暂不要在账户中正式结账)。
(4)进行账实核对。
(5)编制试算平衡表。

三、实验指导

(一)对账的内容

对账的时间通常是在月末、季末、年末记账之后，结账之前进行。对账的主要内容如下：

1. 账账核对

账账核对是指将各种账簿之间的有关记录进行相互核对。其主要内容有：

(1)总分类账户之间的核对。检查全部总分类账户本期借方发生额合计数是否等于本期贷方发生额合计数，期末所有账户借方余额合计数是否等于贷方余额合计数。此项核对一般通过编制“总分类账户期末余额试算表”进行。

(2)总分类账户与所属各明细分类账户之间的核对。检查总分类账户本期借、贷方发生额合计数及期末余额与所属各明细分类账户相对应的合计数是否相等，一般通过编制“总分类账户与明细分类账户对照表”进行核对。

(3)总分类账户与库存现金、银行存款日记账之间的核对。检查总分类账户中“库存现金”、“银行存款”账户本期借、贷方发生额及期末余额与日记账中相对应数字是否相等。

(4)会计部门的财产物资明细账期末余额与财产物资保管、使用部门的明细分类账期末余额核对相符。

2. 账实核对

账实核对是指各种账簿的记录与有关财产物资的实存数额进行相互核对。账实核对一般是结合财产清查进行的，其主要内容包括：

(1)库存现金日记账的账面余额与库存现金实际库存数之间的核对。此项核对应每日进行，并且还应进行不定期的抽查。

(2)银行存款日记账的账面余额与开户银行对账单之间的核对。一般每月核对一次，对未达账项通过编制“银行存款余额调节表”，将双方实际结存调节相等。

(3)各种财产物资明细分类账的账面数量，应与清查盘点后的实存数额核对相符。此项核对应定期或不定期进行。

(4)各种应收、应付、应缴款明细分类账户的账面余额与有关债权、债务单位或个人及有关部门之间的核对。

(二)错账的查找方法

在记账过程中,可能会发生重记、漏记、数字颠倒、数字记错、科目记错、借贷方向颠倒等,从而会造成会计差错。

查找记账错误的方法一般有逆查法、余额审查法、尾数法、差额除二法、差额除九法等。

1. 逆查法

逆查法是沿着"试算→结账→过账→制证"的逆账务处理程序,从尾到头进行普遍检查的方法。其检查程序是:

(1)检查账户余额试算表的余额合计是否正确。

(2)检查各账户的余额计算是否正确。

(3)将总分类账与所属明细分类账进行核对,以检查其记录是否正确、相符。

(4)逐笔核对账簿记录是否与记账凭证相符。

(5)逐笔核对记账凭证是否与原始凭证相符以及凭证中的数字计算是否正确。

2. 余额审查法

余额审查法是用于查找总账余额计算是否正确的方法之一。一般来说,会计查错时应着重检查资产类和损益类等账户,以及与其有关的其他账户。对所检查的账户,按照账户的记账结构,侧重审查其"借方发生额"、"贷方发生额"、"余额"或"借、贷、余"并重。其步骤如下:

(1)逐笔复算结出的余额是否正确,注意上下页余额有无过账和错误。

(2)检查各总分类账户及其所属明细分类账户的发生额及金额是否相符。

(3)检查分析某些账户的余额有无不正常的现象,从中找出问题。

3. 尾数法

对于发生的角、分的差错可以只查找小数部分,以提高查错的效率。

4. 差额除二法

差额除二法是用于查找因记反方向而发生的错账。如将应计入借方的数字误计入了贷方,或者相反,这样便导致一方的合计数加大,而另一方的合计数减少,并且其差异数字恰好是记错了方向数字的一倍,同时差异数字也必定是个偶数。如果将这个差异数除以 2,则商数就可能是记错的数字,然后在账簿中查找与这个商数相同的数字,看其是否记错了方向,即可找到错账的所在之处。

5. 差额除九法

差额除九法主要适用于以下三种情况:

(1)数字错位偏小,如将 400 元错记为 40 元,错位的差异数字是 400－40＝360(元),它是原数 400 元的 90%,将差异数被 9 除,得 40 元,40 即为错误数字,扩大十倍即为正确数字。

(2)数字错位偏大,如将 60 元错记为 600 元,错位的差异数是 600－60＝540(元),它使原数 60 元扩大 9 倍,将差异数除 9 得 60 元,这 60 元就是正确数字。

(3)邻数颠倒,如将 89 写为 98。两个数字颠倒后,个位数变成了十位数,十位数变成了个位数,这就造成差额为 9 的倍数。如果前大后小颠倒为前小后大,正确数与错误数的差额就是一个正数,这个差额数除以 9 所得的商的有效数字便是相邻颠倒两数的差值。例如,将 84 错写成 48,差数 36 除以 9,商数为 4,这就是相邻颠倒两数的差值(8－4)。如果前小后大颠倒为前大后小,正确数与错误数的差额则是一个负数。同样,这个差额数除以 9 所得商数的有效数字就是相邻颠倒两数的差值。例如,将 27 错记为 72,差额数－45 除以 9,商数为－5,这就是相邻颠倒两数的差值(2－7)。我们可以在差值相同的两个邻数范围内去查找。

四、实验材料

(1)实验三、实验六和实验七填制的记账凭证。

(2)实验五、实验六和实验七的账簿记录。

实验九　结　账

一、实验目的

通过本实验，使学生掌握结账方法。

二、实验要求

(1)结计各账户 12 月末余额(资产、负债和所有者权益类账户)及发生额，并进行月结。

(2)结计各账户年末余额(资产、负债和所有者权益类账户)及发生额，并进行年结。

三、实验指导

(一)结账的内容

结账(Closing Account)是一项细致而复杂的工作，具体有以下几个方面的内容：

1. 结账前，必须将本期内发生的经济业务全部登记入账，对漏记的账项应及时补记，但不得提前入账，也不得将本期发生的经济业务延至下期入账，只有这样，才能保证结账的正确性。

2. 按权责发生制的原则进行期末账项调整。为了真实地反映各会计期间的收入和费用，以便合理地确定各会计期间的财务成果，就需要调整那些收支期与归属期不一致的收入和费用，如应计收入和应计费用的反映以及期末其他账项的调整。

3. 期末分配结转有关成本费用，按照配比原则对有关费用进行分配，并结转损益。

(1)成本类账户的结转，如制造费用的分配、完工产品生产成本的结转。

(2)损益类账户的结转，如期末为了计算利润结转的收益类和费用成本类账户。

(3)年末利润的清算，如年末对本年实现的利润总额和利润分配的结转。

(4)其他转账业务的结转，如财产物资的盘盈、盘亏，应按有关规定调整入账等。

4. 计算各账户本期发生额和期末余额。在本期全部经济业务已登记入账的基础上，分别计算出库存现金日记账、银行存款日记账、总账和明细账的本期发生额和期末余额，并将期末余额结转下期。

5. 根据结出的各账户的本期发生额和期末余额，编制“本期发生额试算平衡表”、“总账余额试算平衡表”和“明细账本期发生额明细表”。

根据借贷记账法“有借必有贷、借贷必相等”的记账规则，本期发生额借方合计也必然等于贷方合计。通过检查试算表中的试算结果，如果借、贷两方合计金额不相等，就表明账户的记录发生了错误，要及时查明原因，并按规定方法予以更正。

(二)结账的方法

结账工作一般在会计期末进行，主要采用划线法，即在本会计期间最后一笔业务下面通栏划一条红单线，表示开始结账。需结算本月发生额合计数、月末余额和本年累计发生额的账户，可将发生额或累计发生额直接填在结账线下，不需要每填一项数字划一条结账线，等全部结算数字填写完成后，在下面再通栏划一条红单线，以示结账结束和将上下两个不同会计期间分隔开。月结线划通栏单红线，年结线划通栏双红线，以示封账。

结账按照结算时期的不同，可分为月结、季结和年结，具体方法如下：

1. 月结。每月结账时，在各账户本月份最后一笔记录下面划一条通栏红线，表示本月结束。然后，在红线下结算出本月借、贷方发生额和月末余额，如果没有余额，则在“借或贷”栏内和“余额”栏内分别注明“平”字和“0”符号。同时，在“摘要”栏内注明“本月合计”或“某月份发生额和月末余额”字样。最后，再在下面划一条通栏红线，表示完成月结工作。

2. 季结。季末的结账方法与月结基本相同。季结时，在各账户本季最后一个月的月结下面(需按月结出累计发生额，应在“本季累计”下面)划一条通栏红线，表示本季结束。然后，在红线下结算出本季借、贷方发生额和季末余额，同时在“摘要”栏内注明“本季合计”或“某季度发生额及余额”字样。最后，再在下面划一条通栏红线，表示完成季结工作。

3. 年结。年度结账时，应在 12 月份月结下面(需办理季结的，应在第四季度的季结下面)结算填列全年 12 个月的月结发生额合计或四个季度季结发生额合计和年末余额；如果没有余额，应在“借或贷”栏内和“余额”栏内注明“平”字和“0”符号，并在“摘要”栏内注明“本年合计”或“某年度发生额及余额”字样。然后，将年初借(贷)方余额抄列入下一行的借(贷)方栏内，在“摘要”栏内注明“年初余额”字样，同时将年末借(贷)方余额再列入下一行的贷(借)方栏内，在“摘要”栏内注明“结转下年”字样。最后，分别加计借贷方合计数，使年初余额＋本年增加额＝本年减少额＋年末余额，并在合计数下面划通栏双红线表示封账，完成了年结工作。

需要更换新账的，应在新账有关账户的第一行“摘要”栏内注明“上年结转”或“年初余额”字样，并将上年的年末余额以相同方向记入新账中的“余额”栏内。

四、实验材料

实验五、实验六、实验七的账簿记录。

实验十　编制财务报表

一、实验目的

通过本实训,使学生掌握编制资产负债表等报表的方法。

二、实验要求

(1)编制资产负债表(Balance Sheet)。
(2)编制利润表(Income Statement)。
(3)编制现金流量表(Cashflow Statement)。
(4)编制所有者权益变动表(Statement of Ouner's in Equity)。

三、实验材料

(1)试算平衡表(Trial Balance)(见附录四)。
(2)明细账数据。
(3)财务报表(空白报表见附录)。

第五章　会计职业道德的主要内容及要求

国家对会计人员提出的主要职业道德要求主要有以下几个方面：

1. 敬业爱岗

要求会计人员端正专业思想，明确服务宗旨，树立良好职业荣誉感和责任感，勤勤恳恳，兢兢业业，以高度的事业心做好本职工作。

2. 熟悉法规

从事会计工作的人员要履行核算和监督的职责，首先要认真学习和熟悉掌握财经法律、法规和国家统一的会计制度，做到在处理各项经济业务时知法依法、知章依章，依法把关守口，维护规章制度的严肃性、科学性和完整性。

3. 依法办事

会计人员应当按照会计法律、法规和国家统一会计制度进行会计工作，保证所提供的会计信息合法、真实、准确、完整。会计人员在履行职责中，要敢于并善于执行各种法律、规章，坚决按国家法律、规章严格审查各项财务收支，维护国家和投资者的利益，绝不能为个人或小团体的利益弄虚作假、营私舞弊。

4. 客观公正

会计人员在办理会计事务中，必须以实事求是的精神和客观公正的态度，完整、准确、如实地反映各项经济活动情况，不隐瞒歪曲，不弄虚作假，不搞假账真算、真账假算。

5. 搞好服务

会计人员必须改变过去那种单纯的记账、算账、报账的传统观念，解放思想，开拓创新，大胆改革。从会计工作的角度，会计人员应当熟悉本单位的生产经营和业务管理情况，对投入产出进行可行性论证，积极为领导出谋划策，参与单位的预测和决策，并运用自己所掌握的会计信息和会计方法，为改善单位内部管理、提高经济效益服务。

6. 保守秘密

会计人员应当保守本单位的商业秘密，除法律规定和单位领导人同意外，不能私自向外界提供或者泄露单位的会计信息。

7. 廉洁奉公

廉洁奉公、不谋私利是会计职业道德的重要特征，也是衡量会计人员职业道德的基本尺度。会计人员必须以廉洁奉公、不谋私利作为自己的行为准则，维护国家的财经纪律及企业的规章制度。

案例一

李爱萍是上海益利有限公司的财务主管。她的私人朋友希望她悄悄把公司的钱投资到自己公司，并声称，自己的公司周转很快，最多只用半年时间，到时候可以连本带利还给公司，她本人也能赚到十几万元。

分析要求

1. 李爱萍应该怎么做?
2. 听信朋友的建议可能会有哪些后果呢?
3. 李爱萍可不可以私自开出票据给她的朋友？为什么?
4. 公司的财务控制应该如何管理才能避免一人开出支票?
5. 这一事件给了你哪些启示与感想?

案例二

钟会计是上海萨利有限公司往来会计,外表木讷朴实,内里秀慧多计,深得同事们信任。但经审计发现,他擅自注销坏账,侵吞客户归还的货款 20 000 元。

分析要求

1. 钟会计的行为违反了职业道德的哪些条款?
2. 与应收账款相关的内部控制应该考虑哪些方面?
3. 法律法规关于单位内部的会计工作管理有哪些规定?
4. 如果新任会计主管来交接钟会计的工作,需要办理哪些手续?
5. 钟会计将面临的后果有哪些?
6. 你有什么感想?

案例三

在对宏远公司以前年度财务报表的全面审计中发现,公司会计主管和出纳联手,通过涂改支出凭证和奖金、加班费发放单和用假发票等手法侵吞资金。去年,会计将支付给某房屋装潢公司的工程款 3 万元涂改成 8 万元(发票和支票存根都涂改,把收据上大写的叁字撕破),虚列支出 5 万元;入账一笔费用,却没有任何原始凭证,此笔现金又落入他们的腰包。同时,有大量的没有经办人员和领导审批的非法支出入账,主要是就餐费发票,共有 31 笔近 10 万元。

分析要求

1. 对会计人员的教育应当包含哪些内容?
2. 对出纳工作和出纳人员的任职要求有哪些?
3. 单位内部的财务工作管理有哪些方面?
4. 上述案件违反了哪些法律法规?
5. 这一案件给你的启示是什么?

案例四

今年,在对新文公司的全面审计中发现公司账外设账,私设小金库,金额为 10 万元;此外,还将下属公司破产清算收入转移到总经理的私人账户,金额达 34 万元。

分析要求

1. 银行账户管理有哪些规定?
2. 账外设账违反了哪些法律法规的规定?

3. 会计人员在单位内部会计监督中的职权有哪些?
4. 单位内部会计监督制度的基本要求有哪些?
5. 这一事件给你的启示是什么?

案例五

在对江华公司上年度报表进行审计时,发现“其他应收款——李小红”账户的期末贷方余额为8.20万元。后经发现,李小红为法人代表,其向财务科借备用金,此后张叶以垫支现金购买材料、报销各种费用为由冲账,还有部分款项未支付,从而形成了期末的贷方余额;付款时均以现金支付;差旅费凭证无附件;部分发票不规范。

分析要求

1. 记账凭证的编制要求是什么?
2. 原始凭证的审核要求是什么?
3. 发票的填写有哪些规范要求?
4.《现金管理暂行条例》规定的现金使用范围是什么?
5. 这一事件给你的启示是什么?

附录一

会计模拟实训所需物品名称及数量一览表

物 品 名 称	单 位	数 量
会计凭证封面	张	2
账簿封皮	张	4
装订机	台	2
装钉线	米	2
财会专用笔(蓝色)	支	1
财会专用笔(红色)	支	1
财会专用笔笔芯(蓝色)	支	2
回型针	盒	1
30 厘米直尺	把	1
大铁夹	个	3
倒钩锥子	把	1
胶水	瓶	1
会计资料盒	个	1
财务专用章	个	1

附录二

相关财经法规一览表

法规名称	颁布时间	执行时间
一、税法类		
增值税暂行条例	2008年11月10日	2009年1月1日
交通运输业和现代服务业营改增试点实施办法	2011年11月16日	2012年1月1日
消费税暂行条例	2008年11月10日	2009年1月1日
营业税暂行条例	2008年11月10日	2009年1月1日
进出口关税条例	2003年11月23日	2004年1月1日
企业所得税法	2007年3月16日	2008年1月1日
个人所得税法	2007年12月29日	2008年3月1日
土地增值税暂行条例	1993年12月13日	1994年1月1日
车辆购置税暂行条例	2000年10月22日	2001年1月1日
发票管理办法	1993年	1993年
关于偷税抗税刑事案件具体应用法律若干问题的解释	2002年11月5日	2002年11月7日
房产税暂行条例	1986年9月15日	1986年10月1日
税收征管法	2001年4月28日	2001年5月1日
印花税暂行条例	1988年8月6日	1988年10月1日
资源税暂行条例	1993年12月25日	1994年1月1日
契税暂行条例	1997年7月7日	1997年10月1日
城市维护建设税暂行条例	1985年2月8日	1985年
增值税专用发票使用规定	2006年10月17日	2007年1月1日
二、金融制度类		
人民币银行结算管理办法	2003年	2003年9月1日
票据法	1995年5月10日	1995年5月10日
人民币银行结算管理办法实施细则	2005年1月	2005年1月31日
现金管理暂行条例	1988年9月8日	1988年10月1日
人民币银行结算管理办法	2003年4月10日	2003年9月1日
三、会计类		
企业财务会计报告条例	2000年6月21日	2001年1月1日
中华人民共和国会计法	1999年10月31日	2000年7月1日
会计档案管理办法	1998年8月21日	1999年1月1日
会计基础工作规范化管理办法	1997年7月10日	1997年7月10日
会计基础工作规范	1996年6月17日	1996年6月17日
财政部门实施会计监督办法	2001年2月20日	2001年2月20日

附录三

一般企业常用会计科目表(中英文对照)

会计科目			
顺序号	编　号	会计科目名称	英文表达
一、资产类			
1	1001	库存现金	Cash on Hand
2	1002	银行存款	Cash in Bank
5	1015	其他货币资金	Other Monetary Funds
9	1101	交易性金融资产	Trading Financial Assets
11	1121	应收票据	Notes Receivable
12	1122	应收账款	Accounts Receivable
13	1123	预付账款	Prepayments
14	1131	应收股利	Dividends Receivable
15	1132	应收利息	Interests Receivable
21	1221	其他应收款	Other Receivables
22	1231	坏账准备	Allowance(Provision)for Doubtful Accounts
27	1401	材料采购	Supplies Purchasing
28	1402	在途物资	Materials in Transit
29	1403	原材料	Materials and Supplies
30	1404	材料成本差异	Materials Cost Variance
31	1405	库存商品	Goods on Hand
32	1406	发出商品	Merchandises Shipped
34	1408	委托加工物资	Customers' Materials to Be Processed
35	1411	周转材料	Circulation Materials
36	1501	持有至到期投资	Held-to-maturity Investments
37	1502	持有至到期投资减值准备	Held-to-maturity Investments Depreciations Reserves
38	1511	长期股权投资	Long-term Investments in Stock Ownership
42	1512	长期股权投资减值准备	Reserve for Depreciation of Long-term Investments
43	1521	投资性房地产	Investment Property
46	1531	长期应收款	Long-term Receivable

续表

会　计　科　目			
顺序号	编　号	会计科目名称	英文表达
47	1532	未实现融资收益	Unrealized Financial Income
48	1601	固定资产	Fixed Assets
49	1602	累计折旧	Accumulated Depreciation
50	1603	固定资产减值准备	Fixed Assets Depreciation Reserves
51	1604	在建工程	Constructions in Progress
52	1605	工程物资	Engineering Materials
53	1606	固定资产清理	Disposal of Fixed Assets
55	1701	无形资产	Intangible Assets
56	1702	累计摊销	Accumulated Amortization
57	1703	无形资产减值准备	Intangible Assets Depreciation Reserves
58	1711	商誉	Goodwill
59	1801	长期待摊费用	Long-term Prepaid Expenses
60	1811	递延所得税资产	Deferred Income Tax Assets
62	1901	待处理财产损溢	Property Losses and Gains in Suspense
二、负债类			
63	2001	短期借款	Short-term Loans
64	2201	应付票据	Notes Payable
65	2202	应付账款	Accounts Payable
66	2203	预收账款	Advance Received
67	2211	应付职工薪酬	Employee Compensation Payable
68	2221	应交税费	Taxes Payable
69	2231	应付利息	Interest Payable
70	2232	应付股利	Dividends Payable
71	2241	其他应付款	Other Accrued Payables
72	2401	递延收益	Deferred Revenue
73	2501	长期借款	Long-term Loans
74	2502	应付债券	Debentures Payable
81	2701	长期应付款	Long-term Payable
83	2901	递延所得税负债	Deferred Income Tax Liabilities

续表

会计科目			
三、所有者权益类			
顺序号	编号	会计科目名称	英文表达
84	4001	实收资本/股本	Capital Stock
85	4002	资本公积	Capital Surplus
86	4101	盈余公积	Surplus Reserve
87	4103	本年利润	Income Summary
88	4104	利润分配	Profit Distribution
89	4201	库存股	Treasury Stock
四、成本类			
90	5001	生产成本	Cost of Production
96	5101	制造费用	Manufacturing Expenses
99	5201	劳务成本	Service Cost
五、损益类			
100	6001	主营业务收入	Income from Main Operation
101	6051	其他业务收入	Income from Other Operation
106	6101	公允价值变动损益	Changes of Fair Value of Assets
107	6111	投资收益	Investment Income
108	6301	营业外收入	Non-operating Income
109	6401	主营业务成本	Costs of Main Operation
112	6402	其他业务成本	Other Business Expenditure
113	6403	营业税金及附加	Operating Tax
114	6601	销售费用	Distribution Expenses
115	6602	管理费用	General & Administrative Expenses
116	6603	财务费用	Financial Expenses
117	6701	资产减值损失	Loss of Impairment of Assets
119	6711	营业外支出	Non-operating Expenses
120	6801	所得税费用	Income Tax Expenses
121	6901	以前年度损益调整	Adjustment to Prior Year's Income and Expenses

附录四　企业会计报表(中英文对照)

科目汇总表
Chart of Accounts

期间：　　　月　　日——　　月　　日

Period：

科　目 Account Titles	借　方 Dr.	贷　方 Cr.

续表

科　目 Account Title	借　方 Dr.	贷　方 Cr.
合　计 Total		

试算平衡表
Trial Balance

月 日 单位:元

For the month ended Monetary Unit:Yuan

科 目 Account Title	期初余额 Beginning Bal.		本期发生额 Current Period		期末余额 Ending Bal.	
	借方 Dr.	贷方 Cr.	借方 Dr.	贷方 Cr.	借方 Dr.	贷方 Cr.

续表

科　目 Account Title	期初余额 Beginning Bal.		本期发生额 Current Period		期末余额 Ending Bal.	
	借方 Dr.	贷方 Cr.	借方 Dr.	贷方 Cr.	借方 Dr.	贷方 Cr.
合计 Total						

资产负债表

Balance Sheet

年　　月　　日

For the year ended

单位：元

Monetary Unit：YUAN

资　产 Assets	期末数 End of Year	年初数 Beg.of Year	负债及所有者权益 Liabilities and Owner' Equities	期末数 End of Year	年初数 Beg.of Year
流动资产　Current Assets			流动负债　Current Liabilities		
货币资金　Monetary Funds			短期借款　Short Term Loans		
交易性金融资产　Trading Financial Assets			交易性金融负债　Trading Financial		
应收票据　Notes Receivable			应付票据　Notes Payable		
应收账款　Accounts Receivable			应付账款　Accounts Payable		
预付款项　Prepayments			预收款项　Advances Received		
应收利息　Interest Receivable			应付职工薪酬　Employee Compensations Payable		
应收股利　Dividends Receivable			应交税费　Taxes Payable		
其他应收款　Other Receivables			应付利息　Interest Payable		
存货　Inventories			应付股利　Dividends Payable		
一年内到期的非流动资产 Non-current Assets Maturing Within One Year			其他应付款　Other Accured Payables		
其他流动资产　Other Current Assets			一年内到期的非流动负债　Non-current Liabilities		
流动资产合计　Total Current Assets			其他流动负债　Other Current Liabilities		
非流动资产：　Non-current Assets			流动负债合计　Total Current		
可供出售金融资产　Available-for-sale			非流动负债：　Non-current Liabilities		

续表

资　产 Assets	期末数 End of Year	年初数 Beg.of Year	负债及所有者权益 Liablities and Owner' Equities	期末数 End of Year	年初数 Beg.of Year
持有至到期投资　Held-to-maturity Investment			长期借款　Long-term Loans		
长期应收款　Long-term Receivable			应付债券　Debentures Payable		
长期股权投资　Long-term Investments in Stock			长期应付款　Long-term Loans		
投资性房地产　Investment Property			专项应付款　Special Payable		
固定资产　Fixed Assets			预计负债　Projected Liabilities		
在建工程　Construction in Progress			递延所得税负债　Deferred Income Tax Liabilities		
工程物资　Engineering Material			其他非流动负债合计 Total Other Non-current Liabilities		
固定资产清理　Disposal of Fixed Assets			负债合计　Total		
生产性生物资产　Productive Living Assets			所有者权益：Owners' Equities		
油气资产　Oil and Gas Assets			股本　Capital Stock		
无形资产　Intangible Assets			资本公积　Capital Surplus		
开发支出　Research and Development Expense			减:库存股　Less:Treasury Stock		
商誉　Goodwill			盈余公积　Surplus Reserve		
长期待摊费用　Long-term Prepaid			未分配利润　Retained Earnings		
递延所得税资产　Deferred Income Tax Assets			所有者权益合计　Total Owners' Equities		
其他非流动资产　Other Non-current Assets					
资产合计　Total			负债及所有者权益总计　Total		

利润表

Income Statement

_______年_______月 单位：元

For the year ended Monetary Unit：Yuan

项 目 Items	本期金额 Current Period	上期金额 Last Period
一、营业收入 Revenues		
减：营业成本 Cost of Sales		
营业税金及附加 Operating Taxes		
销售费用 Sales Expense		
管理费用 Administrative Expense		
财务费用 Financial Expense		
资产减值损失 Loss of Impairment of Assets		
加：公允价值变动收益（损失以"－"号填列） Add：Changes of Fair Value of Assets		
投资收益（损失以"－"号填列） Investment Income		
其中：对联营企业和合营企业的投资收益 Include：Income from Associates		
二、营业利润（亏损以"－"号填列） Operating Profit		
加：营业外收入 Add：Income from Non-operating Activites		
减：营业外支出 Less：Expense from Non-operating Activites		
其中：非流动资产处置损失 Include：Loss on Disposal of Non-current Assets		
三、利润总额（亏损总额以"－"号填列） Profit		
减：所得税费用 Less：Income Tax		
四、净利润（净亏损以"－"号填列） Net Profit		
五、每股收益： Earning Per Share		
（一）基本每股收益 Basic Earning Per Share		
（二）稀释每股收益 Dilute Earning Per Share		

现金流量表
Cash Flow Statement

年　月
For the year ended

单位:元
Monetary Unit: Yuan

项　目 Items	金　额 Amount	补充资料 Supplementary Schedule	金　额 Amount
一、经营活动产生的现金流量 Cash Flow from Operating Activities		1. 将净利润调节为经营活动现金流量　Convert Net Profit to Cash Flow from Operating Activities	
销售商品、提供劳务收到的现金 Cash from Selling Commodities or Offering Labor		净利润 Net Profit	
收到的税费返还　Refund of Tax and Fee Received		计提的资产减值准备　Provision for Asset Losses	
收到的其他与经营活动有关的现金 Other Cash Received Related to Operating Activities		固定资产折旧 Depreciation for Fixed Assets	
现金流入小计　Cash Inflow, Subtotal		无形资产摊销　Amortization of Intangible Assets	
购买商品、接受劳务支付的现金 Cash Paid for Commodities or Labor		长期待摊费用摊销 Amortization of Long-term Deferred Expenses	
支付给职工以及为职工支付的现金 Cash Paid to and for Employees		处置固定资产、无形资产和其他长期资产的损失(收益以"一"号填列)　Loss of Disposing Fixed Assets, Intangible Assets and Other Long-term Assets	
支付的各项税费 Taxes and Fees Paid		固定资产报废损失(收益以"一"号填列) Scrap Loss of Fixed Assets	
支付的其他与经营活动有关的现金 Other Cash Paid Related to Operating Activities		公允价值变动损失(收益以"一"号填列) Profit and Losses on the Changes in Fair Value	
现金流出小计　Cash Outflow, Subtotal		财务费用　Financial Expenses	
经营活动产生的现金流量净额　Cash Flow Generated from Operating Activities, Net Amount		投资损失(收益以"一"号填列) Investment Losses	
二、投资活动产生的现金流量 Cash Flow from Investing Activities		递延所得税资产减少(增加以"一"号填列)	

续表

项　目 Items	金　额 Amount	补充资料 Supplementary Schedule	金　额 Amount
收回投资所收到的现金 Cash from Investment Withdrawal		递延所得税负债增加(减少以"—"号填列)	
取得投资收益所收到的现金 Cash from Investment Income		存货的减少(增加以"—"号填列) Decrease of Inventories	
处置固定资产、无形资产和其他长期资产所收回的现金净额　Net Cash from Disposing Fixed Assets, Intangible Assets and Other Long-term Assets		经营性应收项目的减少(增加以"—"号填列) Decrease of Operation Receivables	
处置子公司及其他营业单位收到的现金 Cash from Disposing		经营性应付项目的增加(减少以"—"号填列) Increase of Operation Payables	
收到的其他与投资活动有关的现金 Other Cash Received Related to Investing Activities		其他　Others	
现金流入小计 Cash Inflow, Subtotal		经营活动产生的现金流量净额 Net Cash from Operating Activities	
购建固定资产、无形资产和其他长期资产所支付的现金　Cash Paid for Buying Fixed Assets, Intangible Assets and Other Long-term Investments			
投资所支付的现金　Cash Paid for Investment			
取得子公司及其他经营单位支付的现金净额			
支付的其他与投资活动有关的现金 Other Cash Paid Related to Investing Activities			
现金流出小计 Cash Outflow, Subtotal		2. 不涉及现金收支的投资和筹资活动 Investing and Financing Activities Not Involved in Cash	
投资活动产生的现金流量净额　Cash Flow Generated from Investing Activities, Net Amount		债务转为资本 Debt Converted to Capital	
三、筹资活动产生的现金流量 Cash Flow from Financing Activities		一年内到期的可转换公司债券 Convertible Bond Maturity within One Year	

续表

项　目 Items	金　额 Amount	补充资料 Supplementary Schedule	金　额 Amount
吸收投资所收到的现金 Cash Received from Accepting Investment		融资租入固定资产 Leased Fixed Assets	
借款所收到的现金　Borrowings			
收到的其他与筹资活动有关的现金 Other Cash Received Related to Financing Activities			
现金流入小计 Cash Inflow, Subtotal			
偿还债务所支付的现金　Cash Paid for Debt		3. 现金及现金等价物净增加情况 Net Increase of Cash and Cash Equivalents	
分配股利、利润或偿付利息所支付的现金 Cash Paid for Dividend, Profit or Interest		现金的期末余额　Cash, Ending	
支付的其他与筹资活动有关的现金 Other Cash Paid Related to Financing Activities		减:现金的期初余额　Less: Cash Beginning	
现金流出小计 Cash Outflow, Subtotal		加:现金等价物的期末余额 Plus: Cash Equivalents, Ending	
筹资活动产生的现金流量净额 Cash Flow from Financing Activities Net Amount		减:现金等价物的期初余额 Less: Cash Equivalents, Beginning	
四、汇率变动对现金的影响 Foreign Currency Translation Gains(Losses)		现金及现金等价物的净增加额 Net Increase of Cash and Cash Equivalents	
五、现金及现金等价物净增加额 Net Increase of Cash and Cash Equivalents			
加:期初现金及现金等价物余额 Plus: Cash & Cash Equivalents, Beginning			
六、期末现金及现金等价物余额 Cash & Cash Equivalents, Ending			

Statement of Owner's Equity
所有者权益或股东权益增减变动表

编制单位：　　　　　　　　年度　　　　　　　　单位：元
Prepared by:　　　　　　　Period:　　　　　　Monetary Unit: Yuan

项　目 Items	本年金额 Current Year						上年金额 Previous Year					
	实收资本（或股本）Paid in Capital (or Stock)	资本公积 Capital Surplus	减：库存股 Less: Treasury Stock	盈余公积 Surplus Reserve	未分配利润 Retained Earnings	所有者权益合计 Total Owners'	实收资本（或股本）Paid in Capital (or Stock)	资本公积 Capital Surplus	减：库存股 Less: Treasury Stock	盈余公积 Surplus Reserve	未分配利润 Retained Earnings	所有者权益合计 Total Owners' Equities
一、上年年末余额 1. Ending Balance of Last Year												
加：会计政策变更 Add: Accunting Policy Changes												
前期差错更正 Correcting Earlier Errors												
二、本年年初余额 2. Beginning Balance of This Year												
三、本年增减变动金额（减少以"—"号填列） 3. Increases and Decreases of This Year ("—" Stands for Decrease)												
（一）净利润　(1) Net Profit												
（二）直接计入所有者权益的利得和损失 (2) Gain and Loss Directly Redorded in Owner's Equities												
1. 可供出售金融资产公允价值变动净额 (a) Net Amount of Fair Value of Salable Finanical Assets												
2. 权益法下被投资单位其他所有者权益变动的影响 (b) Effects by Other Owner's Equities Changes to the Investee Under Equity Method												
3. 与计入所有者权益项目有关的所得税影响 (c) Effect of Income Tax Relating to Itemes Record in Owner's Equities												
4. 其他　(d) Others												

续表

项　目 Items	本年金额 Current Year						上年金额 Previous Year					
	实收资本（或股本）Paid in Capital (or Stock)	资本公积 Capital Surplus	减：库存股 Less: Treasury Stock	盈余公积 Surplus Reserve	未分配利润 Retained Earnings	所有者权益合计 Total Owners'	实收资本（或股本）Paid in Capital (or Stock)	资本公积 Capital Surplus	减：库存股 Less: Treasury Stock	盈余公积 Surplus Reserve	未分配利润 Retained Earnings	所有者权益合计 Total Owners' Equities
上述(一)和(二)小计 Subtotal of (1)&(2)												
(三)所有者投入和减少资本　(3) Investment by Owners and Capital Reduction												
1. 所有者投入资本 (a) Capital Investment by Owners												
2. 股份支付计入所有者权益的金额 (b) Amount of Share-based Payment Redorded in Owner's Equities												
3. 其他　(c) Others												
(四)利润分配　(4) Profit Distribution												
1. 提取盈余公积　(a) Withdraw Surplus Reserve												
2. 对所有者（或股东）的分配　(b) Distribution to Owners (or Share Holders)												
3. 其他　(c) Others												
(五)所有者权益内部结转　(5) Innercarry Over of Owner's Equities												
1. 资本公积转增资本（或股本）　(a) Capital Surplus Convert into Capital (or Capital Stock)												
2. 盈余公积转增资本(或股本)　(b) Surplus Reserve Convert into Capital(or Capital Stock)												
3. 盈余公积弥补亏损　(c) Surplus Reserve Come to Dificit												
4. 其他　(d) Others												
四、本年年末金额　(4) Balance of End of this Year												

参考文献

1. John J. Wild, Ken W. Shaw & Barbara Chiappetta, Fundamental Accounting Principles, 20th edition, Published by McGraw-Hill/Irwin, 2011.

2. 黄明、郭大伟主编:《企业会计模拟实验教程》,东北财经大学出版社 2004 年版。

3. 曹慧、袁志忠主编:《会计综合业务模拟实验》,科学出版社 2007 年版。

4. 李祖爱:《会计模拟实验(操作)指南》,上海财经大学出版社 2008 年版。

5. 邬展霞:《会计专业综合模拟实验》,复旦大学出版社 2010 年第二版。

6. 仇颖:《会计英语》,机械工业出版社 2008 年版。

7. 冷永杰、侯立新、江珊:《会计专业英语》,机械工业出版社 2008 年版。

8. 邬展霞:《中级财务会计》,中国人民大学出版社 2014 年第二版。